挫折

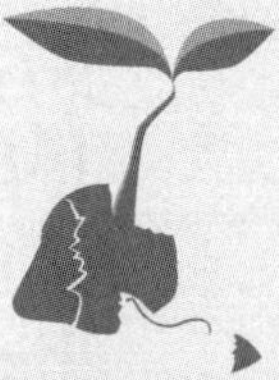

課本上沒有，老師不教的
50堂心理挫折課

唐學芬◎

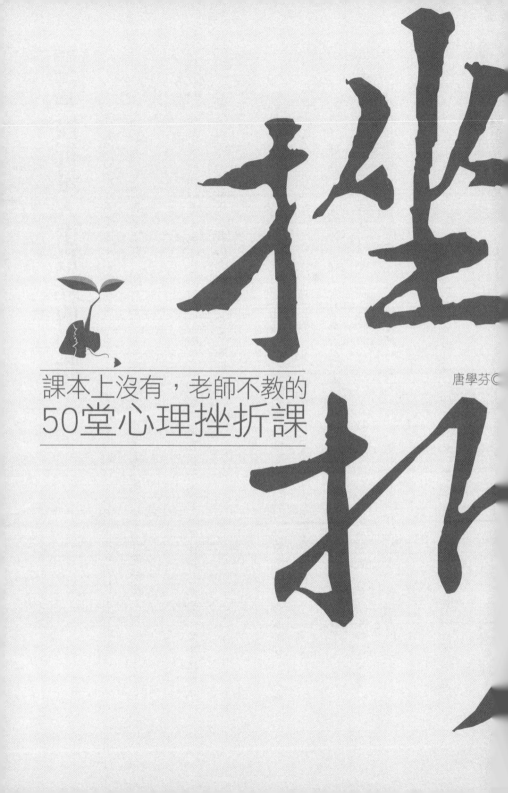

編輯序

挫折是人生最好的禮物

什麼樣的孩子不憂傷？不需要面對問題、從未經受挫折、凡事稱心如意的孩子不憂傷。

作為父母，誰都希望自己的孩子一生無憂無慮，然而這只是一種美好的期待。

如果遭遇挫折是人生必經的關卡，那麼我們就必須教孩子學會接受挫折。與其一輩子替孩子遮風擋雨，不如讓孩子自己去面對人生中的風雨。

十九世紀俄國著名作家屠格涅夫說：「孩子想成為幸福的人嗎？那麼首先要戰勝挫折。能戰勝挫折的人、能吃苦的人，一切的不幸都可以忍受，天下沒有跳不出的困境。」

為了讓孩子以後能夠幸福，父母是不能心疼孩子吃苦的。

在孩子還小的時候，培養孩子戰勝挫折的品質，對孩子來說只是為未來的成功和輝煌積攢一點本錢。況且，孩子吃點苦、受點挫又算什麼呢！凡是世界上有所作為的人，誰沒有吃過苦、受過挫呢？

其實，做父母的都明白，孩子想要在這個社會上立足，苦是一定要吃的，罪是一定要受的。

與其面臨苦難時措手不及，一蹶不振；與其在打擊面前頹廢哀傷、淚流滿面；與其畢業後在工作上處處碰壁，不如早點讓孩子把這些苦都吃了，把不能避免的挫折都經歷了。

早一點讓孩子體會這些，所可能引發的一連串正面而積極的連鎖反應，遠超乎你我的預期。

畢竟，孩子不可能永遠生活在父母的庇護之下，社會不可能像父母那樣嬌寵他、寬容他、毫不計較地接納他。父母不捨得讓他吃苦，可社會捨得，生活捨得。

既然遲早都要吃苦，都要獨自面對生活的磨難，為什麼不從現在開始，就教他如何堅強，如何自立，如何忍耐，如何有韌勁呢？

張愛玲說：「出名要趁早。」父母也要明白一句話：吃苦要趁早。早一點讓孩子理解苦難的意義，懂得在苦難中成長，遠比給他留下的那些存款、房產和汽車要來得更有價值。

當然，強調讓孩子經歷挫折，讓孩子早吃苦，並不是說孩子吃苦越多越好，也不是說孩子吃苦越多將來就一定會成功，而是提醒父母不要刻意去避免孩子受苦。在該吃苦的時候不讓孩子吃苦，最後傷害的還是孩子自己。

臺灣有一句流行話：吃苦當吃補。很多父母認為孩子只要好好讀書，將來就會有出息，但對於孩子來說，人生需要經歷很多事情，讀書只不過是其中一項。如果父母怕孩子遭遇挫折，幫孩子把讀書以外的事情都做了，就等於讓孩子失去了學習和自立的機會。

著名的心理學家馬斯洛說：「挫折對於孩子來說未必是件壞事，關鍵在於他對待挫折的態度。」

孩子總要長大，學著獨自去面對形形色色的人和各種各樣的事，如果不具備機智靈活的頭腦和堅強樂觀的性格，一次小挫折就可能把他擊倒，從此與憂傷為伴、與痛苦為鄰，那時的你就要悔之晚矣！

不如就從現在開始，學著讓孩子獨立解決問題，試著讓孩子勇敢面對挫折，這才是還原給孩子真正的成長之路，也是每個人的人生都要經歷的過程。

我們並不提倡故意打擊孩子來製造挫折，也不是讓父母在孩子遇到問題時袖手旁觀，而是羅列孩子成長過程中可能會遇到的五十種問題，以真實事例來探討最佳的應對方案，供家長們參考。這些問題既有家庭中發生的，比如：父母不合怎麼辦、如何面對親人去世的打擊等；也有學校裡會發生的，比如：討厭老師怎麼辦、如何面對同學間貧富差距的問題等；更有面對紛亂社會時的自我保護方案，比如網路交友問題、遭遇壞人時如何自救等……

不迴避生活中共同存在的問題，給孩子一個真實的成長環境，並用成人的智慧和父母的愛心陪伴孩子度過一關又一關，讓他們小小的心靈遇到憂傷能不受傷、遭遇挫折能不畏懼，直至生活得心應手，達到心靈寬廣自由的彼岸。

自序

在挫折背後，遇見最美的意外

在一次親子活動中，聽到一位媽媽這麼說：「我的孩子依賴心太強了，一點都不獨立，完全受不得半點委屈，想要什麼就一定要給什麼，一不順心就又哭又叫。有時也想過要不給他吃點苦頭，可又覺得畢竟只是個孩子狠不下心來；想要給他點『顏色』看看吧，又怕影響他的心理成長……」看起來這位媽媽很是苦惱。其實，很多家長都有同樣的想法，而我認為是他們並不理解真正的「愛」和「挫折」。

「可憐天下父母心」，為了「愛」孩子，每個做父母的辛苦打拼、竭盡全力，就是為了給孩子鋪就一條「陽光大道」。儘管現在越來越多的家長也意識到了溺愛孩子的危害，卻誤以為批評、罰站、謾罵甚至動手打，讓孩子服輸就是挫折教育。

我的高中同學安妮是一位全職媽媽，每天的生活重心就是她的寶貝兒子伊恩，我曾經在她家看到過這樣的場景——

吃午餐的時候，我們都已經在餐桌旁坐好了，伊恩好像對吃飯無動於衷，依舊專心玩他的遊戲機。

「該吃飯了，怎麼還在玩啊？我今天做了你最愛吃的白蘿蔔燉排骨。」

「我不想吃燉排骨，想吃可樂雞翅。」

「先吃午飯，下次再給你做。」

「不要，我就要吃雞翅。」

「你這孩子越來越不聽話！今天有客人在，哪有孩子像你這樣的！」

「我就不喜歡吃排骨嘛！」

「把你送到非洲的衣索比亞去，就知道排骨有多好吃。那裡的孩子什麼都沒得吃，很多孩子都餓死了。」

「我才不去呢，要去你去！」

「你還頂嘴，真是越來越不像話！快吃，再不吃我就揍你！」

孩子「哇」的一聲大哭大鬧起來……

顯然這頓飯我也沒有興趣再吃下去，只能一邊安慰孩子，一邊勸慰同學。當然，最終的結果是什麼已經不重要，但像安妮認為的那樣：孩子挑食，只要餓他一頓甚至揍一頓就能乖乖吃飯是不可行的，因為問題不會那麼簡單。現在的孩子特別能揣摩家長的心理，只要自己這頓不吃，下頓父母肯定會想辦法餵自己吃。別說雞翅了，魚翅都得想辦法弄來。所以，安妮這種「想當然」不但很難生效，往往還會加重孩子的叛逆心理。

那麼什麼才是真正的挫折教育呢？挫折教育就是還原生活的本來面目，順其自然的讓孩子明白生活中的順利與挫折、痛苦與快樂。父母的作用既不是為孩子鋪就一條坦途，也不是一味地製造坎坷，而是給孩子自然生長的環境，陪伴他走過他的人生道路。

有位哲人曾經說過：成長是一個人蛻去幼稚淺薄的蛹衣，生出美麗蝶翼的過程。蛻化是痛苦的，是成長過程中不可逾越的現實，也是每個人生的必經之路。因此，要讓孩子認識挫折、感覺到挫折的客觀存在；但不可以打擊孩子、挫傷其積極性來給孩子製造挫折；讓孩子懂得挫折的價值和意義，比挫折本身更重要。孩子受挫後，父母不要用指責甚至謾罵的態度在孩子「傷口」上再撒把鹽，要幫助孩子用理解的態度面對挫折並解決問題。

所以，從這個意義上來說，學會克服挫折才是每個父母教孩子的必修課程。

〔目錄〕Contents

第二章　人生是一場遊戲，參與了就是勝利——挫折教育能夠激發孩子的潛能，讓孩子更優秀

第三章　經歷越多，幸福的回憶也越多——挫折教育能使孩子真正享受生活帶來的喜悅

第四章　在這個殘酷的世界裡溫情地活著——挫折教育能夠使孩子更好地適應現代社會

第一章

將來的你，一定會感謝現在所吃的苦——

挫折教育讓孩子的內心更強大

第1堂課

現在吃苦日後是福——人生教育從「挫折課」開始

有位美國兒童心理學家曾經說過：「一般擁有十分幸福童年的人常常會擁有不幸的成年。」這句話看上去莫名奇妙，其實不無道理。

當今社會複雜多變，人際關係也相當複雜。不管你「愛子情深」有多「深」，他總有一天要走入社會，面對這五花八門的世界。從小嬌慣的孩子不能適應這個社會，往往在面對一點點小挫折的時候就會垂頭喪氣、怨天尤人，無法樂觀看待困難與挫折，更不會正面承認自己的錯誤。

因此，無論是學校還是家長，都應該適當的對孩子進行挫折教育，或設想一些適當的挫折考驗，從中觀察和瞭解孩子的種種生活態度與面對挫折時的態度。之後進行分析，再與孩子一起尋找對策。默默對孩子進行挫折教育，不至於讓孩子有太多壓力，從而訓練孩子堅強樂觀的性格。

挫折教育也是一門藝術，要想讓你的孩子不抗拒，那麼課程就要生動活潑一些，讓孩子得到教育的同時也能感受到你的愛和讚美。

靜慧是個性格文靜而又帶著點孤僻的小女孩，不過她和大多數孩子一樣，喜歡漂亮的衣服、鞋子和洋娃娃等美麗的東西。

靜慧生日那天，媽媽送了她一雙紅色小皮鞋，小皮鞋上還有一朵小巧的蝴蝶結。她高興得手舞足蹈，第二天就穿著去上學了。當天晚上遲遲沒看到靜慧回家，媽媽急得團團轉。剛要到學校去找人，就看到她哭著進門了。仔細一看，她還光著腳丫。靜慧一下就撲到媽媽懷裡大哭道：「媽，我的鞋讓人偷走了。」「妳告訴老師了嗎？」「我說了，老師找了一下午都找不到。」原來，下午上體育課的時候，靜慧把小紅皮鞋脫了，放在操場邊，下課的時候就發現皮鞋不見了。媽媽安慰了她一個晚上，她才乖乖上床休息。

可第二天晚上，靜慧還是遲遲沒有回家。媽媽急了，跑到學校找她，只看到孩子一個人在校園裡走著。那天很冷，她一個人搖搖晃晃地走在操場上，路燈把她的影子拉得很長，她時不時在草地或是垃圾筒裡翻找著，瘦弱的背影讓人心酸。媽媽跑了過去，把孩子摟到懷裡。靜慧抬起頭，眼裡充滿著疑惑和憤恨。她低聲道：「老師今天不再幫我找鞋子，不管我丟掉的東西。別人偷了我的鞋，我也要去偷別人的鞋！」看著靜慧傷心的樣子，媽媽只能低聲安慰她。

一開始，媽媽以為她只是在說氣話。誰想到，接下來的幾天，靜慧依舊沉默寡言，連最愛看的明星音樂會也不看了，眼睛裡總是透出絲絲的敵意和不滿。這時候，靜慧媽媽才意識到事情的嚴重性。這不僅僅是丟了一雙皮鞋那麼簡單，更也許是一個沒有承受能力的孩子失去對人的信任。

我們在成長過程中都會遇到類似這樣的問題：自己喜愛的東西突然不見了、莫名奇妙的遭受了一些損失、自己原本信任的某人或是某件事與自己的期待出現落差的時候，我們會產生出一種類似於「仇恨」、「疑惑」的心理，開始去否定周圍的老師或同學，甚至想採取「報復」行動。

這種想法不利於孩子健康成長。當我們丟失了一些「美好的東西」，不應該把美好的品德也給丟掉。孩子可以向自己的老師或父母求助，把情況告訴他們，也把自己的想法說出來，嘗試用更好的方法來解決當前遇到的困難，而不是把自己封閉在一個小小的「盒子」裡，不願意走出來。

靜慧後來在和媽媽的交談中，也漸漸釋放了自己的心靈，因為她認識到幾點：一，是因為自己不好好看管自己的鞋子，才導致鞋子遺失；二，老師和同學都給予自己幫助與安慰；三，應該用正向的心態去面對挫折，才可以好好的解決問題；四，遇到不順心的事，不要急著抱怨，而是先從自身找原因。

經過這件事，靜慧變得成熟了。她得到了兩項珍貴的啟示，一是要勇於面對挫折，二是凡事要先從自身做起。

心靈透視鏡

靜慧這種遇到困難就想逃避，甚至想要報復社會的心理，在青少年中很常見。因為這個年紀的孩子剛好處於叛逆期，當他們覺得有人做了對不起他們的事，情緒表現特別強烈。因此當青少年產生這樣的心理，要及時主動的與長輩進行溝通，情緒上得到緩解，才可以有效解決問題。

第2堂課

要吃有甜頭的苦——挫折教育不等於吃苦教育

志明是個沉默寡言的孩子，雖然與班上同學玩不來，但是學習成績卻一直都很不錯，每次班級排名都能上前三名。

志明父母對他的期望也很大，每年寒暑假都會給他報好幾科的補習班，並總是這樣對志明說：「讓你多吃點苦也是為了你將來有出息，不要總想著出去玩，學生的本分就是要好好讀書。」可志明的父母卻忽略了志明望著窗外小夥伴們玩耍時，眼睛裡充滿的羨慕和失落。

這次期中考結束，志明考了第二名。他興高采烈地回到家，認為爸爸媽媽一定會很高興，說不定還能得到他們的獎賞呢。可是，當爸爸看到志明的成績單後，卻皺了皺眉頭問道：「為什麼沒拿到第一名？」志明張嘴，想要說什麼，又嚥了回去，垂頭喪氣地回到房間。

晚上，志明躺在床上翻來覆去睡不著，他本來快樂的心在這一刻變得很灰暗。他想不明白，自己每天認真用功，為什麼就是得不到父母的一句肯定呢？父母會不會因為自己做得不好，而不愛自己了呢？這個晚上，志明失眠了。

從此以後，志明變得更加沉默了，總是一個人埋頭苦讀。連老師都認為志明太用功了，勸他出去和同學玩一會兒，他卻不肯。

轉眼，期終考試就來了。

考試前幾天，志明睡不安穩、食不下嚥。他希望這次能拿到第一名，好讓父母滿意。誰知過度患得患失，終於讓志明在考試當天暈倒在考場上。志明的父母匆匆趕到醫院，望著兒子痛哭失聲。醫生對他們說，志明就是因為壓力太大，又得不到必要的舒緩才暈倒的。

志明出院回到家，無意間聽到父母的一段談話：「我們只是想著讓孩子吃點苦，努力讀書，把玩的時間多用在學習上，這都是為了孩子的將來好，可是現在卻因為壓力過大暈倒了，唉……」、「這孩子不能理解我們的苦心啊……」聽到這，志明哭著走到父母跟前說：「爸、媽，我一直都有好好用功，每天晚上都是看書看到很晚才睡覺。別的同學都有寒暑假，可我每次放假都得去補習。我知道你們是為了我好，可是我每次的考試成績都得不到你們的肯定，我覺得你們一點都不愛我。」志明的父母聽到兒子這麼說，頓時驚呆了，他們怎麼都想不到，志明竟然以為他失去了父母的愛。

當晚，志明的父母與他談到很晚，大家把心裡的想法坦誠說出來。

最終，三個人的心都感到豁然開朗。

志明的父母也意識到，和孩子及時溝通是多麼重要！

很多家長都與志明的父母一樣，認為所謂的挫折教育就是讓孩子多吃點苦，甚至為了考驗孩子的承受力，爭先恐後地送孩子去參加各種魔鬼夏令營，或是故意給孩子製造一些困難。但在孩子經歷了挫折後，卻沒有及時幫助孩子分析該以怎樣的心態去面對；而當孩子成功後，又怕讚賞和鼓勵會讓孩子驕傲，於是刻意裝冷漠。這樣的成長環境下，孩子只會萌生「我是不是不行」的自我懷疑。

「吃苦教育」不等於挫敗教育，有很多挫折本來是不應該有的，有時孩子會被家長「創造的挫折」徹底打垮。孩子因為接受能力、年齡等所限，達不到父母的要求，就認為自己很失敗，父母的期望值越高，孩子的挫折感就越強，有的孩子甚至因此性格扭曲。

這樣的人為挫折不會教育好孩子，反而可能傷害孩子。

當孩子遭受挫折後，身為家長的正確做法是：培養和幫助孩子面對挫折時樹立無所畏懼的自信心，以及受挫的復原能力。

其實，挫折教育就是培養孩子幸福的能力，讓孩子在任何挫折面前都能泰然處之，永遠樂觀。

心靈透視鏡

作為父母，我們總是忘記自己已經是個成年人，總是不能站在孩子的角度考慮問題。我們不能說吃苦好，就讓孩子經歷一些莫名其妙、沒頭沒腦的苦；也不能因為我們覺得吃苦好，就單純地把吃苦當做目的。

讓孩子在吃苦中經歷一些坎坷磨難；讓孩子在吃苦中明白堅持的魅力；讓孩子在吃苦中體味人世的艱辛；讓孩子在吃苦中擁有敢於拼搏的勇氣；讓孩子在吃苦中把人生演繹得多姿多彩，這才是真正的吃苦。

吃苦的意義在於，讓孩子在吃苦中學會成長，而不是以成長為代價讓孩子吃苦。

希望透過上面這個事例能讓家長明白：挫折不是刻意製造的吃苦，也不是無謂的責任和施壓。有的時候壓力比溺愛更可怕。

第3堂課

成長比成功更重要——失敗的經驗是人生的養分

美國心理學家羅森．茨威格給挫折承受力的定義是：「抵抗挫折而沒有不良反應的能力」，即個體適應挫折、抗禦和對付挫折的能力。

生活在當今社會，我們不斷體驗到兩件事：成功和失敗。而所有的成功者都須經歷孤獨、屈辱和失敗，這就是所謂的「失敗為成功之母」。

每個人的成長都難免碰到或大或小的障礙、損傷、痛苦，以及困窘難堪的場面，因而感到挫折、衝突和焦慮。挫折的本身並不是導致情緒障礙的原因，對事件所持的看法、解釋、信念才是引發情緒和反應的直接原因。所以，當孩子面對挫折而產生負面情緒的時候，身為家長的我們就要做好正面引導工作，帶領孩子走出不良的情緒。

各位是否經歷過這樣的心理：一，自己滿懷信心去做某件事情，結果卻失敗收場，而立刻自我懷疑，自己是不是很失敗？這樣一定會帶來很不好的後果吧？也就是對挫折充滿負面認知；二、玩遊戲的時候，發現自己遠不如其他人玩得好，覺得自己反應太慢，或是領悟得太慢，於是乾脆放棄遊戲；三、團隊行動失敗，不先從自己身上找原因，而是開始一個怪一個，不僅無法挽回錯誤，還傷了彼此的感情。

我們成長的過程中，懷抱著很多的夢想和希望，期待透過自己的努力與追求而實現。當這些夢想和努力經歷過幾次失敗後，就會產生挫折感，甚至失去了安全感。

其實人的勇敢多取決於他的安全感，安全感越充分，人就越樂於去挑戰自我。對青少年而言，最可以信賴的就是自己的爸爸媽媽了，父母就是形成他們安全感的重要基石。

曉梅是班裡的運動健將，每年學校舉行的運動會上，她都能代表班級拿到短跑和跳遠的冠軍；再加上曉梅生性開朗、樂於助人的個性，使她在同學中很有人緣。一轉眼，今年學校的運動會又要開始了，曉梅自然又成為出賽代表。

曉梅參加的短跑項目就在運動會的第一天。她穿著紅色的運動服、白色的運動鞋，紮著馬尾辮，陽光把她的笑臉印得紅通通。她在跑道邊做熱身運動時，同學們都大聲為她加油，曉梅也在心裡暗暗地對自己說：「我一定要拿第一！一定可以的！」起跑的槍聲一響，曉梅像箭一樣飛了出去。轉眼就跑了一大半，曉梅還是跑在第一位。可是一位穿著藍衣的選手衝了上來，竟超越了曉梅。曉梅心裡一慌，腳下一絆，重重地摔在地上。老師和同學們一下圍了過來，校醫也來了，背著曉梅往醫務室跑去。因為這一摔，曉梅的膝蓋和手臂都流血，也和冠軍失之交臂了。

短跑的失敗讓曉梅很傷心，接下來的跳遠比賽她想要打退堂鼓。這就是「逃避困難」的心理反應：經歷失敗挫折而心生害怕，沒有了安全感，於是選擇放棄。

心理學上認為，挫折是「當個人從事有目的的活動受到障礙或干擾時，所表現的情緒狀態」。

在孩子成長過程中，會遇到各種挫折，即所謂的「碰釘子」，這些挫折無法用人的意志加以迴避。世上的事情往往是這樣的：成果未成，先嘗苦果；壯志未酬，先遭失敗。

在面臨挫折、遭遇失敗的時候，要讓孩子知道，目標越高，越是好強上進，越容易遇到和感受到挫折；而拒絕挫折，就等於拒絕成功和成長。

遭到失敗後，不要急著否定自己，而是要先找出失敗的原因。例如，曉梅這次的失敗，會不會是太緊張呢？又或是前一天晚上沒有睡好？找出原因，對症下藥。首先把自己的心結打開，才好放鬆心情參加下一場比賽。另外，不要急著為一件還沒有做的事下定論。你今天跑步輸了，不代表明天就會輸，只要你勇敢面對、全力去做，就一定會有勝算。

作為家長，當孩子失敗了，要注意自己的處理方式，不要罵孩子笨，應該鼓勵他繼續努力，不要盲目自卑或盲目不服氣。給孩子正面鼓勵，要他認識到自己的能力所在、缺點所在，建立自信心和百折不撓的剛毅個性。這比一百個成功更重要。

值得注意的是，如果孩子在童年時期沒有面對挫折的經驗，長大以後便難以克服挫折。所以，挫折教育越早開始，孩子的抗壓性就越強。

心靈透視鏡

青少年的內心是需要肯定的，特別是遭遇失敗時，會很害怕接下來的否定或是冷嘲熱諷。失敗後，他們會開始懷疑自己的能力，甚至放大失敗產生的後果：同學會不會嘲笑自己，或是父母是不是會失望等等。因此，父母要先及時給予孩子肯定，告訴孩子這一次雖然失敗了，但你還是很棒的，你還有成功的機會。讓孩子先發洩自己的情緒，然後再引導他找出失敗的原因，讓孩子不再害怕失敗，能更堅強迎接下一次挑戰。讓他們知道，挫折不可怕，失敗不可怕，可怕的是失去信心。

第4堂課

為什麼受傷的總是我——面對挫折，最要不得的「受害者」心理

文學家梭羅說過一句話：「你怎麼想自己，也就決定了你的命運。」當你覺得自己倒楣而開始意志消沉時，成功、快樂、美好的事物也必將漸漸離你遠去。

前面三堂課，一開篇就給大家講了那麼多大道理，一定悶壞了吧！這節課，我們就來聽幾則搗蛋男生的故事。這樣的男生，在我們周圍很常見。他們調皮搗蛋，卻心地善良，弄出來的一些惡作劇常常讓我們哭笑不得。

小剛是頑皮的高二學生，和很多這個年紀的少年一樣有著一群好朋友，也就是他們口中的「哥們兒」。平時一起上課，下了課一起打球，吃飯的時候也會圍在一張桌子談論班上嚴厲的女幹部。小剛念的高中是住宿學校，每週週六早上才可以離校回家。因此每到週六，這群男生就像猴子一樣衝出校門，四處去玩。

星期四晚自習後，小剛的好哥們兒之一李華就神神秘秘的把大家聚在一起，很興奮地對大家說：「我叔叔給我幾張電影票，可是明天不用就過期了，不如明天晚上我們偷偷溜出去

看電影吧？」這群調皮的大男孩一下就樂開來，紛紛表示同意，而小剛在宿舍熄了燈後仍興奮得睡不著。

第二天，小剛一早就讓起床鈴聲吵醒了，迷迷糊糊的拿著水杯要去漱口，竟不小心撞到牆上，水杯掉到地上碎掉了。小剛看著碎掉的水杯，隨即冒出一句：「怎麼一大早就那麼倒楣啊！」當時不以為意，急匆匆梳洗後就去做早操了。後來發生的事更讓小剛鬱悶了：他跑去操場的路上，球鞋的鞋帶居然斷掉，差點把他絆個狗吃屎；因為太過惱怒，回宿舍時又撞到門板。

一進宿舍門，小剛就一屁股坐在床上，嚷嚷道：「我今天怎麼那麼倒楣？真是太奇怪了！」死黨們還和小剛打趣，笑他是不是出門的時候不小心踩到狗屎了。小剛一天的心情都變得很糟糕，直到快下自習的時候才突然興奮起來：「嘿，馬上就可以溜出去看電影了！」

下課鈴一響，幾個男生箭一般的衝出教室，往後操場跑去。那裡的圍牆低，他們只需要墊幾塊磚，再往上一蹬，就可以神不知鬼不覺的翻牆出去了。小剛是幾個好朋友裡個子最高的一個，因此負責殿後。把同學們一個一個都扶上牆後，自己正要翻牆，卻看到校警走了過來，小剛一慌也不敢動了。校警走過來，看到小剛站在牆角下，疑惑地問小剛為什麼還不回宿舍。小剛只得撒謊，說自己有東西掉在這了，過來找找看。校警看了看小剛，沒發現有什麼不妥就走了。

第二天早上，小剛沒等死黨們回來就先回家了。表哥剛好到小剛家玩，看到小剛垂頭喪氣，悶聲和他打了個招呼，就窩在沙發上苦著一張臉看電視。表哥走過去問：「怎麼了小剛，垂頭喪氣的？」小剛素來與表哥要好，有什麼秘密都願意和他分享，於是一五一十的把自己昨天一整天的「倒楣事」說給表哥聽。表哥正要開導小剛，就看到小剛的媽媽進門了。

小剛媽媽一進門就說道：「我剛才遇到李華的媽媽了。他媽媽告訴我，李華昨天晚上從學校翻牆出去看電影，回來的路上遇到一群人在打架，他在一旁看熱鬧，讓打架的人誤傷了，還好傷得不重。學校正在追查這件事呢。」小剛一聽，心中又急又慌，既擔心好朋友李華的傷勢，又擔心學校追查起來會不會知道他當晚也是要翻牆出去的學生，一句話衝口而出：「李華怎麼比我還倒楣啊！」看到小剛神情古怪，媽媽便追問原因，小剛這才把事情全盤托出。

小剛並不覺得自己做錯事，他只是覺得自己和朋友們真是倒楣透頂，竟遇到這樣的壞事。

其實李華的倒楣和小剛的倒楣，根本原因就是因為他們想犯校規在先，才導致了這一連串的後果。小剛知道第二天就要逃出校門去看電影，所以晚上睡不著覺，早上才會迷糊地打翻杯子，接著這個懊惱情緒就整天跟著他，讓他受到更多的阻力，於是倒楣的一天就形成了。倒楣不是根本，最根本的是引發「倒楣」的事件，與「倒楣」事件發生後的情緒控管。

當挫折來臨的時候，我們首先要控管自己的情緒，最重要的是轉變意識，糾正心理錯覺。不要老想著「為什麼倒楣的總是我」？換個角度想一下，為什麼倒楣的事情可以發生在別人身上，而就是不該發生在我身上呢？要先在晦暗的情緒中找到一份光亮，想一想「也許事情本來可能會更糟糕」、「也許還有比我更倒楣的人呢」，僅僅是轉念一想，就足以讓自己對目前的境況釋懷。毫無疑問，人的一生有很多美好而快樂的事，同時也有許多糟糕而煩惱的事。但從來都沒有一種力量只把好事給你，而不讓壞事和你沾上邊。

心靈透視鏡

青少年這種「唉，為什麼受傷的總是我」的情緒，猶如「灰色記憶儲蓄」，會導致他們的自我認知出現偏差，認為自己總是遇到倒楣事，前途黯淡。其實，大部分人的生活都是痛苦與歡樂共存的，再普通的小人物，也有被關懷的快樂、被疼愛的幸福。只是，樂觀的人想的大多是快樂的事，而悲觀的人重複記憶的都是曾經的倒楣與煩惱。控管好你的情緒，正確面對挫折和失敗，你就學會了掌控生活的方法。

第5堂課

挫折是人生最好的禮物——激發孩子的「抗壓力」

有這樣一個寓言故事：兩隻肚子餓了很久的青蛙一起外出覓食，一不小心都掉進路邊還剩半瓶的牛奶紙罐裡，這只牛奶罐足以讓小青蛙們遭遇滅頂之災。

其中稍微大一點的青蛙，一掉進罐子就想：完了，完了，這下全完了，這麼高的牛奶罐，我永遠也爬不出去了。於是心一涼，身體很快就沉了下去。

另一隻小青蛙看見大青蛙沉沒在牛奶中，並沒有被嚇倒，而是對自己說：「上帝給了我堅強的意志和發達的肌肉，我還沒有在這燦爛的陽光下生活夠呢，我一定會跳出去的！」牠鼓足勇氣，一次又一次奮起跳躍，將生命的力量用在每一次的搏擊。

不知跳了多久，牠發現腳下的牛奶變得堅硬起來。原來，經過小青蛙反覆踐踏和跳躍，已經把液狀的牛奶變成了乳酪，讓牠成功地跳出了牛奶罐，而那隻不敢奮爭的青蛙則永遠留在乳酪中。

遇到困難和挫折時，只有勇於面對、樹立信心、永不言敗，才能看到希望。堅持，再堅持，直到走出困境，取得成功！

星期五下自習前，班導師王老師一走進教室，就聽到班裡吵成一團。班長王芳則含著淚水站在講臺上，小臉憋得通紅。同學們看到班導師走進教室，都安靜下來。王老師詢問才知道，原來是班長王芳在安排下一周的值日任務時，有些同學對安排不是很滿意，引發了這次爭吵。弄清楚來龍去脈後，班導師把擦乾眼淚的王芳帶進辦公室。

一進辦公室，王芳就說道：「老師，我想辭職，不想做班長了，我沒有信心管理好同學。」聲音雖然小，卻很堅決。「就因為這次和同學之間的爭執嗎？」王老師詢問道。老師一問，王芳的眼淚又流了下來，一臉的委屈和不甘，不停地用手去擦臉上的淚水。王老師先讓王芳稍微平復了一下心情，接著問道：「妳認為自己在這次值日的安排上，有沒有做到公平公正呢？」王芳點點頭。「那麼，輪到妳自己值日的時候，有沒有以身作則呢？」老師又問。「平時只要輪到我值日，我都是第一個到教室，認真把工作做好，從來沒有偷懶，但是今天同學們……」說到這兒王芳又要哭了。她心想：為什麼同學不喜歡我呢？我平時已經那麼努力了，還是得不到同學的諒解，真是太委屈了；也許我並不適合做班長吧，我太失敗了。

接下來，老師的一番談話讓王芳明白了一個道理：心裡難受是肯定的，可是既然覺得自己沒有做錯，為什麼選擇逃避呢？正因為平時她工作認真負責，在以身作則的同時還能管理好班務，所以同學們才會在選舉班長時把寶貴的一票投給她，這就是對她工作的肯定了。如果現在遇到一點小小的挫折就失去信心，想要放棄，那之前的努力不就都白費了？

成為生活的強者還是弱者只在一念之間。王芳經過一晚上的考慮後，第二天早上來到學校就進了王老師的辦公室，堅定地說道：「老師，我不辭了，我會更努力管理好班務工作的！」王老師會心的笑了。王芳在回教室的路上，暗暗下定決心：下次再遇到挫折的時候，絕不退縮，要充滿信心地面對困難！

面對人生中的逆境，人既要有耐挫折的能力，也應該有排除挫折的能力。

相較於挫折教育，心理學上更提倡的是「抗壓」教育，來促進孩子的心理成長和人格完善。

抗壓是國際心理學上興起的一個全新概念，原本是一個物理學的概念，泛指物體在接受壓力的時候會出現的反彈。運用到心理學領域上，有人將之翻譯為「抗逆」或者「反彈」。這個概念表達了人在遭受到生活壓力和挫折時候的耐受力，也就是反彈能力。簡單來說，抗壓就是個人面對現實生活中的悲劇、傷痛、逆境、威脅及其他不良情境時，能夠很快適應並且做出回應的能力。換句話說，這種能力代表一個人面對生活中的逆境，他的耐挫折能力和排除挫折能力的高低。

心理學家進行大量研究後發現，一個人的抗壓力至少包括四個元素：

1. 良好的自我形象，包括接受自己、瞭解自己，有自尊，有自信。
2. 有歸屬感，可以從別人那裡得到支援和理解。
3. 有一定的處理問題能力，可以有效地解決生活中遇到的困難。
4. 保持對生活樂觀積極的態度，在挫折中也可以看到希望。

由此可見，一個人的挫折承受力包含的因素很複雜，不是僅僅讓孩子吃些肉體上的苦，受些累就可以短期內培養起來的。相同強度的挫折，為什麼有些人可以順利度過，有些人卻挺不過來。順利度過的人不一定過去就吃了很多的苦，挺不過來的人也未必就一點苦都沒有吃過。在差異背後真正起作用的，其實是一個人的心理素質。

一樣是考試失利，那些心理健康的孩子，敢於將自己的負面情緒表達出來，可以找到人來分擔自己的憂愁；樂觀的孩子雖然偶爾也會情緒低落，卻很少會做出極端的行為；而那些不接受自己、沒人傾訴、沒有歸屬感，又不懂得如何改變現狀的孩子，很容易就會在挫折面前感到絕望，而做出讓人心痛不已的決定。

當今社會充滿了挑戰和風險，我們的孩子隨時都有可能面臨挫折。在這種情況下，爸爸媽媽除了培養孩子挫折承受力，還有一個重要任務就是培養孩子遭受挫折之後的自我恢復能力。積極樂觀的孩子並不是沒有痛苦，但他們可以很快從痛苦當中解脫出來，重新振作精神面對生活。

因此，爸爸媽媽應該認真地培養孩子「在黑暗中看到光明」的技巧。事實上，大人自己對待生活的態度相當大程度上影響孩子的挫折恢復能力。

悲悲切切、斤斤計較、患得患失的父母常常會教導出同樣性格的孩子。家長是孩子的精神支柱，因此不要小看任何生活中的小事。好的家庭教育應該是讓孩子在潛移默化中學習心胸如海，而不是在一點一滴的灌輸中學會計較一時的得失。沒有一個孩子可以毫無挫折地長大，也沒有一個孩子不用面對挫折。生活本身就是挫折的最好講堂。培養孩子的抗挫折能力，絕對不是一時之功，而是要從身邊的小事中教育孩子。

若父母永遠將孩子放在自己的羽翼之下，幫孩子抵擋所有的風雨，那麼他就永遠學不會在暴風雨來臨的時候如何獨自去面對。

心靈透視鏡

心理學知識告訴我們，未成年孩子對大人的態度是敏感的。所以，老師或是父母憐憫孩子，他們就認為自己更加可憐。當孩子開始自悲自憐，他們就會更缺乏信心了。他們不是想著怎麼去面對困境、解決困難，而是想依賴他人的憐憫，等人來安慰他。這個時候，父母或老師可以給孩子一些積極的人生態度，孩子才會對人生充滿信心，努力克服遇到的一切挫折和困難。

第6堂課

輸得起才能贏得起——引導孩子敗中求勝

前面一堂課談到，要給予孩子一定的肯定和表揚，但這個「一定」也是有限度的。讓孩子瞭解自己優點的同時，又不能讓孩子產生驕傲的心理，其間的分寸要把握好有點難，但是仍可以在生活的點滴中進行琢磨。例如，有些家長會盲目讚美自己的孩子：「你是你朋友圈裡最厲害的」、「妳最漂亮了」……這會讓孩子過於自我感覺良好，但同時也失掉承受失敗的勇氣。家長們怎麼把握這個分寸呢？就是在孩子失敗的時候，不嘲笑孩子，陪在他身邊打敗挫折；當孩子成功時，一方面加以肯定，一方面引導他發現其中是不是仍有不足之處。

那麼，孩子「輸」的時候，我們怎麼去引導孩子戰勝挫折呢？

首先，要引導孩子化挫折為動力。當孩子在日常生活中遇到挫折，給予他們一定的幫助，讓他們知道自己並非孤立無助。

其次，要幫助孩子加強日常社交的目的性、計畫性。孩子在和人來往或是做一件事的時候，常常都是沒有目的和計畫的，這也是孩子會「輸」的原因之一。父母可以在孩子行動前，幫助孩子設想一下過程中可能遇到的困難。適當教給孩子一些應對進退的技巧，這樣即使孩子遇到挫折，心中早有了底，也就不會太過無助了。

第三，榜樣的力量是無窮的，讓孩子從別人的成功事例中發現方法。

小磊一直是班裡的「風雲人物」，除了成績特別好之外，更有很多特長，最出眾的就是他的演講才華。他屢次代表班級參加學校比賽，或是代表學校參加校際演講比賽，都拿到過不錯的名次。因此小磊還迷倒了不少女同學，甚至有一些女同學給他遞情書。

這個學期，小磊再次被推選為學校代表去參加高中生演講比賽。他早在一個月前就開始為這次比賽做準備。老師和同學也給他提供了很多幫助。同學當他的聽眾，聽他演講；老師給他很多相關資料，幫助他寫好演講稿。比賽在即，小磊始終信心滿滿，常常能看到他面帶微笑地走在校園裡，連父母都能感受到他對比賽的期待和喜悅。當然，壓力也不是沒有，但小磊相信自己這麼努力準備，比賽應該沒有問題才對。

可事情往往總是在意料之外，小磊在預賽時就被淘汰了，連進入複賽的資格都沒有，這對他來說無疑是晴天霹靂！他自從進入高中後，代表班級或學校參加過數次演講比賽，雖不能次次拿第一名，但都是獲獎而歸，這一次打擊實在是讓他沒辦法接受。

預賽被淘汰下來的那天，小磊回到家就大發脾氣，進到房間狠狠地摔上門。媽媽聽到小磊在房裡的咒罵聲。他不斷罵自己沒用，更大的惱怒來自於他對評委會的不滿，他認為自己被淘汰一定是評委不公正。一個小時後，小磊仍舊怒氣未消，他憤怒地打開門，衝著門外喊：「媽，我明天要請假，不去上學了。」說著，「啪」的一聲又把門關上。

這個時候門打開了，小磊看到媽媽大步走進來。她走到小磊面前，大聲吼道：「你還是不是男子漢！如果你不能體會到什麼是失敗，就永遠都不會明白怎樣才能成功。輸了就是輸了，不要怨天尤人。為什麼之前贏的時候，你沒有懷疑過評委會不公正；而僅僅輸了一次，就立刻把過錯全推到評委會身上？如果你真的不知道要怎麼去體驗失敗，那麼你就最好不要再去參加任何比賽！」

小磊的媽媽雖然很凶，也許會讓小磊在那一刻感到更難堪和傷心。可是在小磊冷靜下來後，他明白媽媽正是想用這種不留情的方式來告訴他：要先瞭解失敗，才能收穫成功！人不可能一輩子都不輸。

很多同學從小就頂著光環生活、學習，以前的小小輝煌讓他們覺得自己是「萬能」的、是「戰無不勝」的。於是當某一天，比如，從小學升入國中後，進入到一個全新的團體，遇到更多更強的人，就會開始怨天怨地怨社會，覺得從此以後再沒有光環，老師和同學讚賞的目光會漸漸離自己遠去，這就是典型「輸不起」的心態。父母要用合適的態度去糾正孩子，及時點醒孩子，讓他們知道「光環」不是天生的，也不是永遠的，一定要敢於面對失敗，不要抱著輸了就是丟臉的心態，要知道沒有從來不輸的人，就連童話也從來不存在這樣的故事。只要找出失敗的根源，重拾信心站起來，那麼至少下一次就不會在同一個問題上再輸一次！

心靈透視鏡

孩子「輸不起」一般有兩種表現：一種是遇到挫折和失敗的時候採取逃避方式，不去想不去碰，但是開始心生恐懼；另一種是性格比較急躁的孩子，一面對挫折就會大發脾氣，甚至把怨氣發到周圍人的身上，以此來宣洩自己的情緒。第一類孩子是性格太懦弱，導致不敢面對；第二類孩子則是自尊心太強，一輸就會惱羞成怒。父母一定要多關注孩子的狀態，隨時給他們打上一針「自信心」才對。

第7堂課

在不如意中獲益——讓孩子懂得逆境是成功的基石

《孟子．告子下》說道：「天將降大任於斯人也，必先苦其心志，勞其筋骨，餓其體膚，空乏其身，行拂亂其所為，所以動心忍性，益其所不能。」也就是說，不經過風浪，怎麼能到達勝利的彼岸呢？

大家應該都有喝過蜂蜜吧，那甜甜的蜂蜜是無數隻小蜜蜂採集而來的。那比我們的小指頭還小的小蜜蜂是如何採蜜的呢？要知道，一隻蜜蜂釀出一公斤蜂蜜需飛行三十萬公里，吸取一千二百萬朵花的汁液。每次採集歸來，要把汁液從胃裡吐出，由另一隻蜜蜂吸到自己胃裡。如此吞吐一百二十次到三百四十次，才能讓汁液變成蜜汁。但此時的蜂蜜還有大量水分，不適宜儲藏，需要蜜蜂不斷的鼓翅搧風，讓水分蒸發，最後變成濃稠的蜜糖。由此可知，蜂蜜釀自於蜜蜂鍥而不捨的勞動。

而在蜜蜂這往來飛行三十萬公里的路程上，不知要經歷多少逆境：也許遇到正在捕捉昆蟲的小孩子，也許不小心撞上一張大大的蜘蛛網……可牠們仍迎著逆境而上，堅持取得甜美的蜂蜜。

樂聖貝多芬十七歲時患了傷寒和天花病，二十六歲又失去聽覺，這對於音樂家是致命的打擊！然貝多芬卻發誓「要扼住生命的咽喉」，與命運進行頑強的搏鬥，創作出《命運交響曲》等傳世名作。厄運不但沒有嚇倒他，反而成就了他的音樂事業。

前蘇聯作家高爾基從小失學，給人當童工維持生計，飽嘗人間的辛酸。但他即使累得腰痠背痛也不肯放棄看書，還在雇主的皮鞭下偷學寫作，終於成為著名作家。

美國的大發明家愛迪生買不起書和做實驗的器材，就到處收集。一次，他在火車上做實驗，不小心引起爆炸，被車長一記耳光打聾了一隻耳朵。生活的困苦和身體的缺陷都沒有讓他灰心，他更加勤奮學習，終於成了舉世聞名的科學家。

以上種種名人事例告訴我們，逆境出人才！每個人的人生都有高潮和低谷，也就是我們說的「順境」和「逆境」。當你身處「順境」的時候會覺得一呼百應，到處都是陽光和笑臉；相反的，當你身處「逆境」，就會發現自己並沒有多少朋友，或是遇到困難也得不到朋友的幫助，甚至還遭到落井下石，因為當你「倒楣」的時候，也許就有人因此而「獲益」。所以，面對逆境要學會自己化解，而不可太過於依賴他人。要用坦然的心去面對「逆境」，要明白，逆境是成功的基石。

每個人都有權選擇自己面對生活、面對逆境的態度，而這個態度，就是影響自己命運的力量之一。選擇積極進取、力求突破，還是消極退讓、頹廢自憐，就端看自己了。

心靈透視鏡

孩子面對逆境時的態度，能讓家長更瞭解自己孩子的性格：逆境出現時，孩子是立刻放棄，還是不停抱怨卻又無能為力？又或是不屈不撓，頑強面對？這一點一滴都可以體現出孩子的心理。要積極幫助孩子走出逆境，讓他們知道這世界上「沒有永遠的風暴」，讓他們明白，今天所面對的逆境就是將來成功的奠基石。

第8堂課

最好的機遇，在下一個路口——教孩子在錯過陽光時收穫星光

從前，有位老漢塞翁住在與胡人相鄰的邊塞地區，生性達觀，看待事物的方法與眾不同。

有一次，塞翁家的馬在放牧時走失了，鄰居們得知後紛紛表示惋惜，塞翁卻不以為意，反而勸慰大夥：「丟了馬當然是壞事，但誰知道它會不會帶來好的結果呢？」

沒過幾個月，那匹走失的老馬跑回來，還帶回了一匹胡人的駿馬。鄰居們一齊來向塞翁道賀，誇他有遠見。然而，塞翁此時卻憂心忡忡地說：「唉，誰知道這件事會不會給我帶來災禍呢？」

塞翁的兒子很喜歡那匹胡人的駿馬，天天騎著出外兜風。終於有一天得意忘形，從馬背上摔下來，傷了一條腿，造成終生殘疾。鄰居們聞訊後趕緊來慰問，而塞翁還是那句老話：「誰知道它會不會帶來好結果呢？」

過了一年，胡人入侵中原，邊塞形勢吃緊，身強力壯的青年都被征去當兵，塞翁的兒子因為跛腿免於被征兵役，避免了這場生離死別的災難。

這個故事就是成語「塞翁失馬，焉知非福」的由來，它說明人世間的事都不是絕對的，壞事可以引出好的結果，好事也可能會引出壞的結果。

人生的旅途上有很多精彩而美麗的風景，完美與永恆是可遇而不可求的。偶爾錯過了一個機會，不要遺憾和難過，我們還可以擁有別的精彩。錯過的不一定是最好的，更精彩而適合自己的一定正在前方。只要肯去努力、去拼博、去戰勝挫折，那麼陽光過後總會有點點星光等著我們。

很多青少年在錯過一兩次機會後，就開始頻頻抱怨，覺得自己運氣不夠好，覺得自己特別的倒楣，常常想：「為什麼我總是和機會擦肩而過呢？」有這樣一句話：「智者創造機會，強者把握機會，弱者等待機會。」成為強者還是弱者，都看我們自己。

生活有時會陰差陽錯，很多人認為自己錯過了一時，就似乎錯過了一生，其實不然。有些事情往往是因為錯過，所以才美麗！生活中錯綜複雜的事情太多，我們應該學會聰明的放手。不要停留在過去，大步向前走，前面的光彩更耀人，路的前方才是真正的開始……

蘇小雅是漂亮的高一女生，她所就讀的高中很注重學生課餘愛好的培養。學校的好幾個社團在地方上都很有名，特別是舞蹈社，常常代表學校甚至本市出去演出。小雅一直很羨慕那些在臺上起舞的同學，常常到舞蹈教室門口看大家練舞，打心底希望自己能成為其中的一員。

機會終於來了。學校規定，上了高三的學生要以學業為重，必須自動退出舞蹈社；因此，舞蹈社要從高一學生中招新成員。消息一公佈，報名的人絡繹不絕。排隊拿報名表的同學，臉上都是期待和興奮的表情。報名後，接下來就是面試和複試。小雅當然也去報名了，在首輪面試的時候，小雅順利通過。她非常開心，連著好幾天都跑到商場去看舞鞋，早早選中了自己最心儀的那一雙，只等著複試通過後，就馬上開始學習舞蹈。

可事情往往不如人願。複試的時候，小雅被刷下來，因為另外幾個競爭對手都有舞蹈基礎，而且身高比自己高出一兩公分。小雅傷心極了，這是她的夢想啊，她多少次幻想自己站在舞臺上翩翩起舞的樣子，可現在機會到了眼前，自己居然沒有把握住。放了學，小雅也不願意回家，一個人怔怔地坐在教室裡，回想自己被淘汰下來的場景，忍不住趴在課桌上大哭起來。

這時候班導師剛好路過教室，聽到有人在哭就走進來。看到小雅哭得那麼傷心，便走過去輕聲詢問。小雅斷斷續續地對老師說起今天發生的事，她覺得難過極了，自己錯過了唯一一次入選舞蹈班的機會，因為學校規定只能招收高一學生。

班導師聽完後，想了想，走出教室。過了一會兒，她又回來了，手上拿著一張報名表和一本畫冊，放到小雅的桌上，說：「知道這個繪畫社嗎？它的高手和舞蹈班同學同樣厲害呢，裡面有位男同學在去年的全市青少年國畫大賽上拿到一等獎。老師記得妳幫班長出過一期班報，上面的畫就是妳畫的，程度非常不錯。既然妳有這個底子，現在又失去參加舞蹈社的機會，不如就考慮繪畫社吧！」說完，將畫冊往小雅面前推了推：「妳可以先看一下同學們的畫作。」小雅停止哭泣，翻看起畫冊來。那是本美麗的畫冊，有水墨山水畫，也有色彩絢麗的油畫……這一切都吸引了小雅。小雅心想：對啊，為什麼從來沒考慮過這個呢？爸爸媽媽也說我有一定的美術天賦，不如趁此機會好好學一下畫畫吧。

此後的日子，常常看到背著畫板的小雅走過操場。到了週末，小雅也會約繪畫社的學員們一起到郊外去寫生。這樣的日子讓小雅快樂極了，她把自己不能進入舞蹈社的失敗拋到九霄雲外，定下心去好好學習油畫了。

某天，班導師走過學校畫欄的時候，看到一幅畫著芭蕾女孩的油畫，畫裡的女孩就像靈動的精靈，快樂的旋轉著。而那幅畫的署名正是：高一（一）班蘇小雅。

蘇小雅很感激班導師，是老師讓她明白人不能在一顆樹上吊死的道理。與其因為一個機會在眼前消逝而傷心哭泣，不如利用這個時間去尋找另一個機會。青少年的未來是不可限量的，通向成功的殿堂並不是只有唯一的一條路。

心靈透視鏡

孩子為自己訂下的目標而努力奮鬥，是值得鼓勵與讚揚的，但並不是夠努力就保證毫無挫折。當他們遭遇失敗和挫折時，很可能會開始否定自己，覺得一切的努力都付諸東流，覺得自己錯過了一個好機會。這個時候，可以讓孩子先靜下心來考慮一下，是否有另一條通向自己目標的道路。其實人生中有些錯過也是值得慶幸的，因為錯過而走上的另一條路，路上可能有更美麗的驚喜！

第9堂課

做自己的救星——讓孩子在挫折中學會獨立

暑假前的一個星期，園園放學回家特別高興，一路小跑步，嘴裡還哼著歌。園園為什麼那麼高興呢？因為馬上就要放暑假了，學校這個暑假有夏令營，而且是一個星期。當天晚上，園園嘰嘰喳喳地和爸爸媽媽說了一堆打算到營地後要玩的遊戲，並說了一些老師提出的注意事項。

快要出發去夏令營的前兩天，園園就催促著媽媽幫她收拾行李，媽媽也一口答應了。可就在中午吃完飯，媽媽正準備要幫園園收拾行李的時候，突然接到電話，外婆病了，於是爸爸和媽媽都心急如焚地趕回老家。後來，園園與媽媽通了電話，知道外婆一切平安，才總算放心。可是這又想起，媽媽在電話裡說要多陪外婆兩天才回來，那麼自己去夏令營的行李誰來幫她收拾呢？園園想了一下，覺得無所謂，匆匆收拾幾樣東西就去參加夏令營了。

一周後，園園垂頭喪氣地回來了。這時候外婆的病已經好了，爸媽也早就回到家。媽媽看到園園一臉不高興，追問之下才知道，這次夏令營園園玩得非常不開心。

這是為什麼呢？

原來，園園出發前整理的行李非常不充分，連老師交待的游泳衣和手電筒等必備品都忘記了。到了營地後，園園才發現，營地就建在大湖邊，而園園沒帶游泳衣，只能眼睜睜地看著同學們下水玩，自己在岸上乾等。她連防蚊液也忘記帶，讓蚊子咬出滿腿包……反正都是因為行李沒準備好，才讓她玩得非常不愉快。

園園為什麼在一次普通的夏令營中就碰了一鼻子灰呢？正因為她自己缺少獨立生活的能力。父母從小就對她進行「一條龍」、「系列化」、「全方位」的服務。同學們可以想一下，自己是不是也和園園一樣患了所謂的「軟骨症」？嬌氣得很，一離開父母幫助就手足無措，做不好事。

孩子應當從日常生活中學習獨立，獨自去完成一件事，更可以幫助父母完成一些事情。比如，放暑假的時候嘗試著做一兩次飯；或是獨自出門，到外地的親戚家一趟。當然要和父母商量好，在注意自身安全的前提下，提高自己獨立生活的能力；甚至可以考慮在不影響學習的前提下，透過正常的途徑打工賺錢……我相信，當孩子拿著自己賺的錢去給父母買禮物的時候，那種美好的心情是無法言喻的。

進行挫折教育的其中一個目的，就是讓孩子在現實生活中具有獨立生存的能力。無論是家庭條件多好的孩子，總有機會獨立去面對某一件事，這時候身邊沒有一個人可以幫助你，只能靠自己。趁早掌握獨立的技巧，在成長過程中才有能力去面對不可知的挫折和挑戰。

對於家長來說，解決孩子獨立問題，就是解決孩子的依賴問題。心理學把這種依賴分為「情感依賴」與「任務依賴」兩種。解決依賴問題，是防止心理年齡小於生理年齡的關鍵，也是關係到孩子成長的大事。

那麼，父母應該怎麼做呢？

方法1：父母應當承認和尊重孩子的獨立人格，並且讓孩子逐漸意識到，他是一個獨立思想和獨立能力的人，不是事事必須依賴父母的「小可憐」。

方法2：理解孩子的依賴需要，給孩子足夠的安全感。

方法3：有技巧地進行「情感轉移」，讓更有趣的事情替代孩子對於父母的依賴。

方法4：做「弱勢」的父母，給孩子更多自己思考、做事的機會。即便你很全能，也不要事事替孩子包辦，有時假裝弱一點，笨一點，能有效激發孩子的潛能。

心靈透視鏡

「不用擔心！我還有老媽（爸）呢！」這就是像園園這類孩子的心理。他們早就習慣不去操心自己的事，萬事都有父母護著，就算天塌下來還有父母頂著呢。因此，父母偶爾不能幫他們的時候，他們就手忙腳亂，無法應對事物。家長如果要鍛練孩子的獨立能力，就應該多給孩子體驗的機會，讓他們自己面對各種問題。實踐的機會多了，他們也就學會獨立解決問題的方法。

第10堂課

得到的總比失去的多——讓孩子在挫折中學會經驗和教訓

「失敗了就失敗了，別的同學不一定比你棒呢。」這是很多家長安慰孩子的話。給予孩子信心很重要，可是在孩子遇到挫折後，幫助孩子、引導孩子找出失敗的原因，在挫折中學習經驗，才能讓孩子有所收穫。以前遇到的挫折和失敗雖然過去了，但如果不因此改正自己，那麼將來吃虧的還會是自己。

失敗並不可怕，反而可以使孩子更加聰明起來。每次失敗都會教給他們下次不再失敗的方法，因此聰明的孩子從失敗的挫折中記取經驗和教訓。

家長們不要急著去認定孩子做過的事情是失敗或成功，應該更加關心的是，透過這樣一件事得到了什麼樣的經驗，學到了什麼樣的知識。

雷雷是個成績優秀的孩子，有著一副很好的嗓子，還彈得一手好鋼琴。無論是學校的晚會，還是地方上的晚會，必有他的節目。父母因有他這樣的兒子而高興，老師也為班上有這樣優秀的學生而感到欣慰。隨著頭頂榮譽的光環越來越大，雷雷也跟著驕傲起來，常常會在音樂課結束後，聽到他嘲諷別人歌唱得不好，或是侃侃而談自己獲獎的經歷。漸漸地，雷雷身邊圍繞的人越來越少，雷雷也不放在心上，因為他認為同學都在嫉妒他。

這學期，學校有三個推薦名額，讓有音樂特長的學生參加藝文晚會，學校把其中一個名額分給了雷雷班級。這次晚會若能替學校拿到好名次，將會得到獲獎證書和一定的獎金。雷雷對此信心十足，他認為，這個名額一定是他的。在班上還能找得出比他更有音樂才華的同學來嗎？雷雷心想。班導師在班會上提出這件事，並提名雷雷和副班長劉濤，讓大家進行投票。雷雷信心滿滿的盯著同學，可是卻有九成的票投給了劉濤。這個結果讓雷雷感到晴天霹靂！他不明白，自己究竟哪裡比不上劉濤，竟然會敗給了他。

班會結束後，等同學們都散去，雷雷趴在桌上哭了起來。他這個時候才感覺到，自己身邊的好朋友越來越少。而接下來的藝文晚會上，劉濤替班上拿回了榮譽。當雷雷看到劉濤站在講臺上接受大家的掌聲時，心中酸酸的。可是這件事後，同學依然還是疏遠雷雷。雷雷實在想不通：就算是我鋼琴彈得不好，我不是已經受到教訓了嗎？為什麼同學還是不大愛理我呢？

班導師從雷雷眼裡看到了憂鬱，把他叫進辦公室。辦公室裡，雷雷紅著臉，低著頭。老師詢問後，明白了雷雷的想法，說道：「你認為這次同學沒選你，是因為你鋼琴彈得不好，是嗎？」雷雷不服地說：「對啊，我就想不通，他們為什麼會認為我鋼琴彈得不好呢？」老師笑了：「那你有沒有找出原因呢？為什麼以前同學那麼支持你，而這一次卻有那麼多同學同時否定你的音樂才華呢？他們否定的真的是這個嗎？」雷雷抬起頭，疑惑地望著老師：「難道不是嗎？」老師輕輕搖了搖頭：「我有好幾次經過教室門口，都能聽到你嘲笑同學歌唱得難聽。我沒有冤枉你吧？」雷雷漲紅了臉。「遇到挫折、面對失敗的時候，我們應該學會如何正確對待它，不是把錯誤全推到別人身上，而是找出失敗的真正原因，學會經驗教訓，來面對下一次挑戰！老師相信你會明白的，對嗎？」班導師望著雷雷的眼睛說道。雷雷一直安靜地聽著，眼中的不解和怒氣漸漸散去，取代的是慚愧和了然。

人遇到挫折的時候往往痛苦不堪，但因為自己不能辨明挫折和失敗的真正原因，自以為挫折對自己造成巨大的傷害。其實只要處理得當，將錯誤轉變成為絕好的學習機會，找到正確的做法，就能化傷害為收穫了。

心靈透視鏡

「我不是受到教訓了嗎？為什麼還要這樣對我？結果為什麼還是不如意？」犯了錯、遇到挫折，我們大多會這樣賭氣。不僅僅是孩子如此，大人也難免出現這樣的心理。那是因為我們一時還無法客觀看待錯誤產生的源頭。因此，遇到挫折後，我們應該調整好自己的情緒，並從挫折中總結經驗教訓。

第11堂課

壞事也能變好事——教孩子把挫折看作是成長的契機

對青少年進行耐挫力的培養，是父母及教育工作者的重要任務。而就當前的學校教育而言，大多仍然以考試和分數作為衡量學生的手段，心理輔導和心理教育則形同虛設或是流於形式，因此才更需要家長加強這方面的輔導和幫助。

有這樣一句話：「要想沒有挫折感，就必須遭受挫折。」挫折失敗並不可怕，可怕的是被打倒。因此教會孩子如何在失敗中再次站起來，就是培養耐挫力的重要課程。

寒寒是國三學生，基測前一個學期，學校和家裡都開始進入備戰狀態。她每天早上早起背英語單字，晚上儘量早睡，養好精神到學校後才能好好學習。寒寒所在的這座城市有三所高中，裡面的一中是升學率最高、也是城裡唯一的公立高中。每一位老師都希望自己帶的班級有更多學生進入一中，家長也希望孩子能到公立高中念書，將來考大學會更有把握。而國三的學生也大多以考上一中為己任。

基測前的兩個月，每天晚上媽媽把房間的燈關掉後，她都偷偷從抽屜裡拿出手電筒來，蒙著被子偷偷複習。基測的日期越臨近，寒寒就越緊張，她一面盼望考試快點結束，好放鬆心情；一面又害怕面對考試，因為她很擔心自己考不上一中。

基測結束後，寒寒胸有成竹，以為可以安安心心等錄取通知書了。誰知過幾天分數出來，寒寒心涼了，今年一中的分數比去年整整多七分，她因為兩分之差與一中擦肩而過。寒寒哭得很傷心，可以說是食不下嚥，睡不安穩，每天都躲在家不願出門。

可以看得出，寒寒是一個性格極其倔強的孩子。這次沒能考上一中，對於她來說是多麼大的打擊。她覺得自己那麼用功，卻還是沒有考上第一志願，將來肯定也沒有辦法考上好大學了。

要明白，並不是上第一志願高中才能考上好大學。很多學校雖不是重點高中，卻一樣有很不錯的升學率。相反的，一些念重點高中的學生未必能考上好大學。一個好的學校固然重要，可更重要的還是自己。如果自己不努力，就算是到了再好的學校、遇到再能教的老師也是徒勞無功。只要不放棄自己的理想，不輕易被挫折打敗，就算是到了三流學校，依舊能用功學習。

大家都聽說過香港首富李嘉誠吧。他十四歲那年隨躲避戰亂的父母逃往香港，不久父親因病去世，身為長子的李嘉誠只好輟學，先在一家鐘錶公司打工，之後又到一家塑膠廠當推銷員。由於勤奮上進，只兩年時間便被老闆升為總經理，那時他只有十八歲。

一九五〇年，李嘉誠借了五萬港元，加上自己積蓄的七千元，在筲箕灣租了廠房，正式創辦「長江塑膠廠」。經過七年時間，李嘉誠已賺到數千萬港元的利潤，而「長江」更成為世界上最大的塑膠花生產基地，李嘉誠也得到了「塑膠花大王」的美譽。

李嘉誠這個神奇的名字，今天已是「成功」與「奇蹟」的代名詞：他統領著長江實業、和黃集團、香港電燈、長江基建等四家上市公司，業務遍及各行各業，如地產、港口貨運、超級市場、基建、電訊、酒店、保險、水泥、電力、網路等等，形成一個逾萬億資產的跨國企業帝國。而李嘉誠本人也榮列世界富豪榜第十位，成為有史以來華人最傑出的企業家之一。這一切，使他贏得了「超人」的美譽。

李嘉誠當年不得不綴學，可他並沒有被生活的挫折打敗，而是在新的生活中迎頭而上，造就了自己的成功。

挫折不可怕，只要可以從挫折中爬起來，我們就可以重新來過。因此，我們要在日常生活中培養孩子無畏挫折的意志。

心靈透視鏡

挫折，就是指在實現目標的行為過程中，遇到障礙或阻撓而沒有達到預期的目的。文中的寒寒正是在實現自己「考上重點高中」的目標過程中，遭遇了挫折。挫折會對個人的情緒、行為發生影響。這樣的失敗對於寒寒來說是「壞到至極」，甚至影響到自己將來的希望。然而，壞事是可以改變的，成功的方式不是只有一種。

第12堂課

對手強大，你才會更強大——正確培養孩子的競爭意識

競爭是指對外界活動所做出的積極、奮發、不甘落後的心理反應。競爭是青少年日常生活中的重要組成部分。競爭意識與生俱來，小的時候，透過「我」、「我的」競爭到屬於自己的部分；到了青少年時期，開始更多的競爭，如學習上的競爭、參選班級幹部的競爭，當然還包括在異性同學面前展現魅力的競爭。這些競爭都是正常的，有助於孩子不斷提升自己、超越自己。在培養孩子競爭能力的時候，首先要讓他們清楚一點：要光明正大去競爭，而不是利用一些陰險狡詐、損人利己的手段去競爭。

如何培養競爭意識呢？

一、要先培養和發展屬於孩子的獨立個性。個性與一個人一生的發展息息相關，並與競爭能力緊密聯繫在一起。發展個性，要從本身的愛好和需求出發。在日常生活中，發現和培養自己的才能。只要擁有了多種才能，自然就會自信、自主、自律、自理，競爭能力因而強於他人。

二、從小要增強孩子的參與精神。只有參與其中，才有機會和他人競爭。在日常生活中，多去參與一些集體活動，以提升自己的人際關係處理能力。

三、勇於創新。想要進步就必須要有所創新，父母可以幫助孩子分析一些瑣事，從中發現問題、提出問題，並嘗試要孩子用自己的思路去解決問題，而不要畏手畏腳的束縛了他們。

四、學會相信自己。協助孩子給自己一個正確的定位，透過自己的是非判斷來決定如何生活、如何學習、如何做人。只有相信自我，才會敢於去競爭。

五、要學會承受委屈。如今的孩子從小受到寵愛，父母都不捨得讓他們受委屈。可是一開始入學，天天與同學生活在一起，就不可能不因磨擦而受到委屈。在這個競爭激烈的社會，委屈也是一種考驗，孩子能勇敢承受委屈，也必然勇於去競爭。

文彬是運動健將，在學校是出了名的「萬人迷」。他最擅長的運動就是踢足球，足球場上常常能看到他馳騁的身影。這個學期全市舉行中學生足球聯賽，他自然被選入校隊參加比賽。

俗話說得好：「知己知彼方能百戰百勝」，文彬留意起這次參加球賽的學校與各隊的隊長。當他看到「張自強」這個名字出現在眼前，忍不住吃了一驚：張自強？是自己認識的那個張自強嗎？他匆忙找來那支隊伍的詳細資料，上面貼著隊長的相片——正是張自強，就是文彬認識的那個人。

那是他還在讀國小的時候，常和社區裡的孩子一起到球場上踢球。在一次比賽中，他輸給了張自強領隊的另一支球隊，當時他還差點骨折了。為此，那場球賽給他留下了陰影。

可命運就是那麼巧妙，他們又碰在一起。文彬決定退出比賽。他向隊長提出退賽的時候，看到隊友失望的眼神。三天後，張自強出現在他面前。高大帥氣的張自強站在眼前，讓他有著無形的壓力。張自強開口說道：「文彬，我記得你，也記得小時候的那場球賽，因為我清楚記得那個球技不錯的男生。可是我想不到你這麼孬種，那一次失敗都過了這麼久，你居然還不敢和我比賽，你真讓人瞧不起！」文彬一下就被激怒了：「誰說我是孬種？我一定會上場比賽，到時候看誰厲害！」張自強聽完文彬的話，哈哈大笑著走開了。

足球聯賽如期舉行，最後文彬這一隊絕地反攻，戰勝了張自強的隊伍。文彬很開心，因為他贏得了勝利的同時還戰勝了自己的心魔。他也很感激張自強，如果不是張自強的激強法，自己一定會錯過這一次的聯賽。這次以後，他和張自強成了好朋友，常常在一起切磋球藝，相互學習。

競爭意識與自我意識緊密相連，清晰的自我意識要在與他人的比較之下才顯現出來。只有勇於挑戰，才有機會獲得成功。這是那些躲在角落裡，畏縮的膽小鬼所不能理解的快樂。

心靈透視鏡

競爭，在字典裡是這樣解釋的：為了自己的利益而跟別人爭勝。我們希望能多加上一個詞，那就是「良性」，唯有良性競爭才能正確發展自己，並且自我提升。

第13堂課

低頭認錯是為了抬頭走路——讓孩子學會承擔自己的錯誤

在生活中，老師不是權威，父母也不是權威，有時候父母需要嘗試放下架子，向孩子承認錯誤。父母一旦在和孩子的交流中做錯事，一定要主動向孩子承認錯誤，因為孩子都有自己的鑒別能力，父母若是沒有勇氣承認自己的錯誤，又如何去教育孩子呢？父母做錯事向孩子認錯，並向他們道歉，不僅不會降低自己在孩子面前的威信，相反的，孩子會更加尊重你、親近你，也會更加信服你。當孩子下次犯錯的時候，父母才可以更有威信的告訴他：「你要勇於承擔自己的錯誤。」

明明放學後慌慌張張地跑回家，搞得灰頭土臉，手上全是泥。進了房門後，第一件事就是扔了書包、到浴室洗澡，吃飯的時候也是心不在焉。明明的父母把這一切看在眼裡，卻也不動聲色。明明的爸爸給了他一個建議：把心事用筆寫出來，如果願意給爸媽看，就拿給爸媽看，爸媽願意和他一起分憂。明明覺得這個想法不錯，晚上就把心事寫出來。

原來明明那天在放學路上路過湖邊的時候，因為和同學打鬧，不小心把同學曉剛給推到湖裡。還好曉剛當場就被救上來，也沒有人注意到是誰把曉剛給推下去的。明明不敢向曉剛承認這是自己犯下的錯誤：一是怕曉剛不原諒自己，二是擔心同學們會排斥他，三是覺得這個錯也不全在自己，自己只是不小心才把曉剛推下湖去的。

明明的爸媽看完信後，當場就決定帶著明明到曉剛家去道歉。明明張口要拒絕，卻對上了父母嚴厲的眼神，只能忐忑不安的跟著出門了。在曉剛家，明明誠懇地說明事情的來龍去脈，並請求曉剛的原諒；而曉剛也原諒了明明。

我們的一生會犯下很多錯，無論是呀呀學語的嬰幼兒時期，還是懵懂的青少年時期，又或是飽經生活磨練的成年人，都會犯下一些不該或是無可避免的錯誤。會犯錯誤，有可能是對相關知識掌握不夠，因此一旦犯錯，第一反應就是怪罪客觀原因，為自己逃避責任尋找藉口，不願承擔自己的錯誤，更不反省自己的錯。要知道，錯誤已經造成，我們需要的是為自己所犯的錯誤承擔責任。只有承認錯誤，才會獲得原諒。承擔責任和承認錯誤都需要勇氣，但願人人在犯錯後都能站出來，告訴身邊的人：這件事情發生，是我的責任！

孩子做錯事，父母不可以一味包庇，更不能聽之任之，一定要認真嚴肅地處理。必要的時候還需要給孩子一定的懲罰，讓孩子明白做錯事後要學會承擔和檢討錯誤，從而牢記教訓。父母要在生活中幫助孩子逐步明白道理，學會自尊、自律。勇於承擔責任的青少年會為自己贏得贊許、信任、朋友。這能夠讓孩子擺脫自我中心，知道自己不能為所欲為；又可以讓孩子經受必要的情緒挫折，明白後悔、難過、害怕是怎麼回事，並且讓孩子學會協調與環境的關係。

心靈透視鏡

明明的父母在這件事情的處理方式上是明智的。知道孩子犯下錯誤又不敢承擔責任的時候，當機立斷引導孩子首先承認錯誤，然後為錯誤接受教訓。建議在青少年犯錯的時候，可以讓孩子自己提出補救方法，對自己的行為進行更多反省，增強他們的責任感。如果孩子提出的辦法不適合，家長可以再提出一些補救辦法來引導。要求孩子對自己的錯誤行為進行補救的目的，是讓孩子學會約束自己。

第14堂課

其實你沒有那麼優秀——讓「說不得」的孩子聽得進批評

小雨是個聰明又能幹的孩子，在班級擔任班長的職務，很多老師和同學都很喜歡她，她也是爸爸媽媽的驕傲。

但是，最近小雨的媽媽發現了女兒的一個問題：她可能是聽多了別人對她的讚美，開始自以為是，聽不得別人講她一點不好。

某天晚上，媽媽照例檢查小雨的作業，發現小雨的功課有些退步，連很簡單的問題都做錯了。媽媽拿著作業本對小雨說：「寶貝，妳看這些問題都很簡單，不應該錯的怎麼也錯了呢？是不是妳做作業的時候不專心？」小雨立刻板起小臉：「媽，我們班有哪個同學是不犯錯的呢？我犯的錯算少的了，妳還不滿意啊！」媽媽有點傷心，孩子大了，也有自尊心了，對她講話得斟酌字句了。

第二天晚上，媽媽檢查小雨作業的時候，又發現了幾處是真的不該出現的錯誤。媽媽實在忍不住，對小雨說：「寶貝，妳看，這個問題我昨天給妳指出來了，怎麼又錯了呢？是不是有點馬虎啊？」小雨一臉不耐煩地對媽媽說：「妳有完沒完，別整天就盯著我的缺點和問題好不好！」媽媽張嘴準備嚴厲批評兩句，但想想還是算了，可能孩子這兩天心情不好。

誰知小雨變本加厲，就是聽不得別人說她一點不好。只要是批評的話一句都不想聽，要麼就是表現出一副很不耐煩的樣子。媽媽無奈之下，只能求助老師，讓老師和小雨好好談談。

在心理學上，孩子聽不得別人對他的批評，原因通常有兩種：一種是經常被批評，聽多了就造成反彈心理，用拒絕批評的方式來保護自己；一種是經常聽好話，造成習慣性自我肯定，再也無法聽進批評。

或許我們會覺得小雨這樣的孩子是過度自負、太有自尊心的緣故，其實這是一種認知上的錯誤。事實上，不允許別人批評自己的孩子，其日益膨脹的並非自尊心，而是虛榮心。他們的自信心也不是提高了，相反的是降低了。想想我們自己，害怕別人的批評，不就是缺乏自信的表現嗎？時間一長，這種聽不得別人批評的孩子，問題就會越來越嚴重。

從某種意義上來說，平常有些小缺點的孩子比出眾的孩子更容易教育，因為他們對自己沒有超出現實的期望值。而那些一直很優秀的所謂優等生，因為只想要聽別人說好話，往往會出現脫離實際想法的自我期待。他們不太容易承認真實的、有缺點的自己，也不太能承擔生活中的挫折。長期生活在雲端的人，一旦跌落地面，要爬起來也是比較困難的。這樣的孩子一旦遭遇失敗，容易變得怨天尤人。那麼，如果你家裡也有聽不得一點批評的孩子，又該如何做呢？

首先，千萬不要以極端的方式，過分批評或者讚揚孩子。父母要保持一顆理智冷靜的心，實事求是地看待自己孩子的優點和缺點。你要清醒地認識到，孩子在長期的誇讚之下，會產生驕傲自滿的情緒是難免的，但隱藏在驕傲之下的真實心理是自卑，所以你沒有必要再去潑孩子冷水。克服孩子這種心理不是一朝一夕的事情，因為孩子這種表面上自我感覺良好，也不是一日兩日形成的，而是在父母和其他人的長期影響中造成的。一旦孩子身上出現問題，就單方面指責孩子的不是，歸咎於孩子性格上的缺點，這對孩子來說是非常不公平的。

其次，對待這樣的孩子不要經常誇讚，也不要輕易批評，要以從容不迫的態度去教育他，潛移默化地影響他。家長可以跟學校的老師溝通一下，只有在真正值得表揚孩子的時候再提出表揚，對於一些無關緊要的小事不要總把稱讚的話掛在嘴邊。當孩子在你面前表現得很狂妄的時候，也不要當眾奚落孩子，讓孩子下不了臺。當孩子因為失敗而沮喪的時候，父母要適時地鼓勵孩子。但前提是讓孩子承認自己失敗的現實，不要以安慰的形式來掩飾孩子失敗的事實。

在《克雷洛夫寓言》裡有一則關於小猴子的故事：

大清早，一名農夫賣力的犁著田地，額角上的汗水像雨點般滴到地上。經過的人都伸出大拇指讚美道：「夥計，幹得真棒，了不起！」猴子聽到了十分嫉妒，心想：「受人讚揚可是非常誘人的，我何不也來忙碌一陣？」於是，猴子找到一根木頭，先把它舉起來，然後又抱在懷裡，接著拖來拖去、滾去滾來，累得氣喘吁吁卻不肯休息，一心要把工作做得高人一等，然而卻沒有得到任何的稱讚。

在我們做好一件事的時候，往往迫不及待的想得到讚賞，卻沒有想過，也許你認為做的好事並非是他們所想看到的。如果這件事情對包括你在內的所有人沒有利益或好處，那麼無論你如何忙碌都是白搭，也別指望得到他人的讚揚和感激。

表揚與批評是長者與孩子溝通的方式之一。很多老師和家長表揚或批評孩子，是想要激勵孩子的責任心、積極性、創造性，警示存在的缺點和問題，防微杜漸，從而成長進步。但是表揚和批評都需要技巧，否則不但難以達到預期的效果，還可能適得其反。

心靈透視鏡

「只喜歡被讚美，不喜歡被批評」，這不僅僅是青少年、而幾乎是每個人的通病。受到批評的時候，覺得「太丟臉了」、「一點面子也沒有」，這是一種迴避挫折的心理。其實只要轉念一想：這不算是多大的挫折，只要肯去面對、肯去改變，那麼挫折將會轉化為成功！

第二章

人生是一場遊戲，參與了就是勝利——

挫折教育能夠激發孩子的潛能，讓孩子更優秀

第15堂課

偏科有時候是因為偏見——你可以不喜歡老師但不能拒絕知識

一隻木桶在裝水。突然，它發現同樣多的水倒進別的桶裡正合適，在自己這裡卻總是溢出來，心中很不是滋味。這時，一個同伴告訴它說：「知道嗎？我們木桶的容量取決於最短的那塊木板。你的木板絕大部分比我們的長，偏偏有一根比我們的短。水裝到這個短木板的高度，自然就會溢出來。所以不管其他木板多長，對於我們木桶來說都是沒有意義的……」

這個木桶的寓言故事我們聽過很多遍，可是偏科的孩子依舊覺得也沒有什麼，大不了在喜歡的科目上多努力一下，這樣分數不就可以拉平了。可事實往往相反，因為成績出來後，那一臉苦悶的孩子大多會說：「都是因為那該死的某某科，害得我總分那麼低。」而極少會有人說：「幸好我某某科夠好，就算另一科那麼低分，總分還是很高嘛。」

孩子偏科一般有兩個原因：一是「不喜歡教那門課的老師」；一是「這門科目不重要」。根據資料顯示，以第一個理由居多。首先，我們一起來分析孩子們不喜歡任課老師的原因。簡單來說大致有幾種，即認為老師水準差、人品差、形象差等等。由於諸多因素的影響，包括某些教師自身的原因，很多孩子對於某些老師存在排斥心理。他們不喜歡某位老師的原因有時很簡單，也許就是因為這位老師「剪的髮型太土了」，所以我們有必要和孩子們分析一下：為什麼不喜歡那位老師？不喜歡那位老師為什麼就一定要拒絕知識學習呢？

立德是一個很勤學的孩子，每天晚上吃完飯，休息過後，不用父母催促，他就會自動坐在客廳裡溫習功課。可是自從上了高一後，立德媽媽從來沒有看到兒子拿出過化學課本。

原來，立德很不喜歡化學老師。他覺得老師戴一個超大的黑框眼鏡，說話吞吞吐吐，而且總挑他的毛病，這引發了他的偏科情緒。很顯然，立德拒絕學習化學課的原因並非是覺得這門知識太無趣，而是因為不喜歡化學老師進而討厭學習化學。

但是孩子們一定要知道：我們可以不喜歡某位老師，但要學會尊重老師，尊重老師的專業水準，更加不能拒絕知識。父母發現孩子開始偏科時，要先找到孩子偏科的症狀，再進行「治療」，那麼療效一定會好很多。像立德這樣的學生是因為不喜歡老師的言論舉止，進而偏科。我們認為老師不好的方面，大可以毋須向他學習，而向其他人品、形象好的老師或者前輩學習。

如果學生認為某位老師教課水準差而不喜歡他，該怎麼辦呢？有這樣一個案例，可以作為參考。一名學生特別不喜歡他的數學老師，認為他很不稱職。後來，班導師讓他把數學老師的講課毛病挑出來，他就用一個本子專門記錄數學老師的授課問題，每次和該老師見面都要「點評」一番。結果在期末考試時，這個學生的數學考了全班最高分。他覺得很奇怪。其實，為了挑毛病，他把自己變成數學課督導，站的位置和角度比任課老師還要高。這樣不知不覺就學進去了，這也是「學習角度」的妙用。

對於某門功課，你只有一個老師，但那個老師不只有一個學生，對他來說，一個學生喜歡他與否並不是很重要，他畢竟還有那麼多的學生，但你就不同了。你既然討厭他，就不要讓一個你那麼討厭的人影響你。

你可以嘗試著只聽他的課，然後忽略他所有的私人問題，把他當空氣；也可以分析一下到底你不喜歡他哪裡，試著克服。

心靈透視鏡

人人都有個人好惡，青少年尤其如此，因為他們生活的範圍小，思想更單純一些，因此會不自覺的把一些小問題給放大了。比如，僅僅是老師身上一個小小的毛病，都會覺得忍無可忍而導致偏科厭學。因此要找到問題對症下藥，首先要建立對任課教師的信任，重新樹立起學好該門課的信心。同時，要透過改變孩子的注意力結構，促進其注意力和記憶力向思維能力轉換。要在孩子良好的學習動機和狀態下，逐步改善其學習的盲目性和無規劃性，促進其學習能力的提高。

第16堂課

白天不懂夜的黑——教孩子學會化解矛盾和誤解

這堂課，我們先輕鬆一下，來聽個故事吧：

很久以前，有個和尚已經修成羅漢，並且修練了各種神通，能知道過去和未來的事情。這天，他在樹林裡架鍋煮染法衣（就是把衣服染上僧人需要的顏色），這時候有個人來找尋丟失的牛。

找牛的人看見一個和尚在樹林裡架鍋煮什麼東西，就上前詢問：有沒有看見一頭牛呀？和尚說沒有看見。這個找牛的人不相信他，懷疑和尚偷了自己的牛，於是他打開鍋蓋，發現裡面正在煮著牛肉。他非常氣憤，質問一個和尚怎麼可以偷牛殺掉吃肉。和尚大惑不解，自己前去打開鍋蓋，看見的也是牛肉，心裡非常奇怪，可是又無法解釋。和尚被告到官府，關進監獄中。

幾天後，那個丟牛的人找到了自己的牛，因為誤會了和尚，就趕緊到官府裡說清楚，官員答應稍後就可以釋放這名和尚。不巧的是，這是一個糊塗官員，居然忙著就把這件事情忘記了。因為這樣，和尚被關了七年，一直到皇帝大赦天下才被放出來。

經過了七年的牢獄之災，人們發現，和尚不但沒有變得頹廢，反而有了更大的修為，具有神的力量。有人就問這和尚：「七年前，你已經成為羅漢，為什麼還被人誤解，遭遇這樣的災難呢？」和尚道：「這不過是對我的一個考驗罷了，卻也同時給了我一個機會。這七年雖然我在牢獄之中，卻更能潛心思考，修得正果。」

從這個故事可看出，人們覺得不公平，或是遭受委屈時，又焉知非福呢？

生活中，被人誤解是常有的事，這會給人帶來傷害。如果是遭到故意的誤解，傷害又更大了。有部分誤解是憑著主觀想法、戴著有色眼鏡、用猜疑的眼光看待他人，所以看問題就偏激，判斷事物的結果就不真實；而有部分誤解則是因為不瞭解事情的起因，只憑表面現象妄下判斷而造成誤會。被誤解者會覺得「丈二金剛摸不著頭腦」、「莫名奇妙」，感到憤怒與委屈。

快上課的時候，韋芳突然大叫：「我的兩百塊錢不見了！」說完就哇地一聲大哭起來。何老師急忙過來關心。原來，這星期要交兩百塊錢的校服費，早上韋芳就把錢帶來學校，可是現在錢不翼而飛！何老師皺起眉頭，幫韋芳把書包和課桌都檢查了一遍，仍然找不到。何老師再次詢問韋芳：「妳確定早上把錢帶出來了嗎？」韋芳哭著道：「當然，我早上出門前還檢查了一下書包呢。」這下何老師意識到問題的嚴重性，如果說韋芳的錢是在教室裡不見，那很有可能就是被人給偷了。

同學們都嘰嘰喳喳地議論著。這時候有人大聲說了一句：「剛才下課只有王莉莉一個人在教室！」聽到這句話，全班突然鴉雀無聲，不約而同望向王莉莉。王莉莉一下臉紅了，眼裡充滿恐懼。這時候，韋芳大聲說道：「王莉莉，是不是妳偷拿了我的錢？」王莉莉急了，連忙站起來，說道：「不是我！我沒有拿，我在教室只是為了解數學題！」這下議論的焦點全都集中在王莉莉身上。王莉莉小臉憋得通紅，卻一句話也說不出來。

下了課，在辦公室裡，何老師語重心長地問王莉莉：「莉莉，告訴老師，那錢是妳拿的嗎？」王莉莉抬起頭，紅著臉卻用堅定的眼神看著何老師，回答道：「不是我拿的，我真的只是在教室寫功課。」經過半小時的談話，依舊沒有任何結果，何老師只得讓王莉莉先回家。

第二天一大早，莉莉的爸爸就陪著女兒去學校，來到何老師的辦公室，發現韋芳和她爸爸也來了。

原來，昨天晚上韋芳回家後和父母說了這事，家人一起重新翻了書包，發現書包讓鑰匙給勾破了，那錢掉到書包的夾層裡。

上課的時候，何老師把王莉莉叫到講臺上，高聲說道：「莉莉，老師現在向妳道歉，老師昨天不應該沒弄清楚事實就那樣誤解妳，妳原諒老師好嗎？」王莉莉愣住，她想不到老師會當著全班同學的面向自己道歉。緊接著韋芳也走上台來，對著王莉莉和同學們一鞠躬，說道：「對不起王莉莉，對不起大家，昨天都是我的錯。」這時候，教室裡響起了雷鳴般的掌聲，誤會了王莉莉的同學們也開始向她道歉，王莉莉臉上滿是微笑。

孩子面對來自父母、老師或同學的誤解時應該怎麼辦呢？首先，他們需要冷靜下來，和誤解自己的人進行冷靜的溝通。

主動徵求別人對自己的意見，再想一下是否可以請別人為自己證明，接著和大家一起找出事情的緣由。要相信，只要是誤會，就會有水落石出的一天。

而萬一是孩子自己誤會了朋友或同學時，更要及時道歉，不要讓友誼在一個並不存在的錯誤中破裂。這樣不但不會失去一個好朋友，還會讓友誼更加的穩固！

心靈透視鏡

家庭情況不大好的孩子，性格上會相對孤立，很難融入人群中，朋友也相對少一些。所以當某些誤解產生後，其他人會穿鑿附會的去「確認那個本不是錯誤的錯誤」，造成更大的誤解。老師和家長們遇到這樣的學生，更加要注意他們的自尊心。無論發生什麼事，都要先調查清楚再做結論。記住，你們是孩子的指路燈，一定不要指錯了路。

第17堂課

一滴水放在大海裡才不會乾涸——讓孩子學會珍惜集體的榮譽

談到集體的榮譽感，首先我們要清楚一件事情：雖然每個人都是個體，但永遠不可能單獨存在著。每個人幾乎每天都生活在集體之中，即使漂流到孤島上，也同樣是由動物、植物組成的一個集體，沒有一個人是例外的。人離開了集體就無法滿足地生活。

而青少年除了要面對家庭這個集體外，每天接觸最久的就是學校集體，和一個班集體。這個班集體包括所有的任課老師以及每一位同學。有個故事說的是：以前有位國王，有五個兒子，他讓每個兒子輪流試著折斷一根筷子，大家都很輕鬆地把筷子折斷了；於是他又拿了一大把筷子，讓兒子們輪著折斷這把筷子，結果沒有一個能將那一大把筷子折斷。我們可以想像一根筷子代表一位同學，那麼一把筷子就代表著一整個班。只有當所有的人都團結在一起時，才會產生出強大的集體力量，進而創造出集體的榮譽。

某高一一班是那個學校的重點班，學習成績普遍都比別的班要好很多。可是班導師劉老師卻發現了一個問題：雖然大家學習成績都很不錯，對老師也都很尊重，可是缺乏集體榮譽感。為什麼這樣說呢？因為經過將近一個學期的觀察，老師發現每週一安排衛生值日時，大家都是怨聲載道，常聽到下面有人在嘟囔：「浪費時間，我連自己的房間都不打掃，還要來掃那麼大一間教室」、「有這時間我還不如拿來看書呢」等等的話。而且在打掃衛生時不認真，就算被老師糾正，也抱著無所謂的態度。

不僅僅是這樣，對於學校舉行的一系列課外活動，大家都懶得參與。比如說，學校的運動會，每個班必須要報四個項目，參加人員不得少於十個。可是每一回都沒有人主動報名。在體育課可以跑出好成績的學生不願意參加賽跑，放了學就衝到球場上的同學也不願意參加球賽。每次都是劉老師硬性安排，大家才你不情我不願地參加。

劉老師漸漸覺得是時候要建立一下同學們的榮譽感了。週五下課後，他走進訓導主任的辦公室……

週一全校例會，教務主任開始報告這個學期各班級的衛生檢查結果。高一（一）班的學生們聽了不到五分鐘就都漲紅了臉，因為周圍其他班的同學都用異樣的眼光在看他們。教務主任報告的衛生檢查結果，他們班十次有九次都是不合格，從開學到上週為止，他們的總分居然是全校倒數第一！試想一下，成績總是拿正數第一的班級，這一次竟然拿了倒數第一，同學們的心裡都非常難受。可是這還沒完，接下來，教務主任又報告學校運動會的各班成績。高一（一）班除了跳高拿到第三名外，其他全部都沒有進入前十名。這下大家就更不好受了。早上的例會結束後，大家慢慢走回教室，一路上，總聽到別的班級在嘀咕著：「一群自私的傢伙，光想著自己死命的念書」、「就是嘛，一點榮譽感也沒有，太丟臉了」、「唉，以前還以為他們班有多厲害呢，不過是一群書呆子嘛」……

回到教室，劉老師站在講臺上一言不發的看著大家。等大家都安靜下來後，他才開口問道：「剛才大家都聽到教務主任的報告，有什麼想法嗎？我給大家五分鐘的思考時間，一會兒都來說說看吧。」劉老師看到班長李真猶豫的舉起手。劉老師對她點點頭，她站了起來，說道：「剛才在回教室的路上聽到一些同學的話，我覺得很對。我們正是因為缺乏榮譽感，所以才會把班級弄得那麼差，我們每個人都太不負責了！」接下來，同學開始發言了——

「我認為每一位同學都應維護值日生創造的良好衛生環境，尊重他們的勞動成果，養成良好的衛生習慣，不亂扔垃圾。」

「在明確分工的基礎上，我們還應該團結合作，在大家力所能及的情況下，鼓勵大同學幫助小同學、男同學幫助女同學、行動快的同學幫助動作慢的同學。」

「明年學校再舉行運動會的時候，有特長的同學一定要積極報名。別的同學可以參加拔河比賽，或是在場邊當啦啦隊。」

「不僅僅是這樣，我還認為，我們不能光想著自己學好自己的，也應該在學習上互相幫助。比如，數學好的同學就給只擅長語文的同學補習數學……」

大家你一句我一句，討論得好不熱鬧。劉老師聽到大家的發言，會心地笑了。他知道就目前看來，他和教務主任的「小計謀」至少成功了一半。他示意大家安靜下來，開始發言道：「大家都說得很好，集體的榮譽是需要大家來維護。一個良好、健全的班級離不開同學們的榮譽感，大家的榮譽感是形成良好集體的重要的一環。當班級需要你的時候，你有沒有想過主動站出來？當其他同學需要你幫助的時候，你願不願意伸出援手呢？我們班有五十四名同學，同學之間肯定會出現你會的我不會、我擅長的你不擅長的情況，只有同學之間互相幫助，這個班才是一個良好的班。否則，雖然表面看是一個班，實質上還是一盤散沙。聽了大家的發言，老師真的很開心，因為看到大家的進步，看到各位很有心追求榮譽感。我相信，在接下來的三年裡，我們班一定不再只是功課拿第一的書呆子班級！」聽完劉老師的話，班上響起熱烈的掌聲。

集體榮譽感是指學生自覺意識到身為團體一員的尊嚴和榮耀，從而更加熱愛團體，珍惜集體的榮譽，並能推動學生積極向上的一種情感。一個班級是否健康、快樂地成長，是否優秀，取決於這個班的學生是否有集體榮譽感。如果每個學生都以集體為榮，那麼這個團體一定是非常優秀的。

甲父史和公石師都是優秀的越國人。甲父史善於計謀但處事不果斷，公石師處事果斷卻缺少計謀，所以兩人取長補短，合謀共事。因為交情很好，他們雖然是兩個人，但好像有一條心，無論一起去做什麼，總是心想事成。

然而，他倆卻因為一些小事發生衝突，之後就各行其是了。由於能力上的缺陷，以致在各自的政務中屢嘗敗績。

密須奮對此感到十分痛心，規勸兩人道：「海裡的水母沒有眼睛，靠蝦來帶路，給蝦分享自己的食物，二者互相依存、缺一不可。西域的二頭鳥是兩個頭共長在一個身子上，但兩個鳥頭卻彼此妒忌、互不相容，饑餓起來互相啄咬。一個頭睡著了，另一個頭就往牠嘴裡塞毒草。睡夢中的鳥頭嚥下了毒草，兩個鳥頭就會一起死去，誰也不能從中得到好處。北方有一種肩並肩長在一起的『比肩人』，他們輪流吃喝、交替看東西，死一個則全死。現在你們兩人與『比肩人』非常相似，區別僅僅在於『比肩人』是形體相連，你們是透過事業連結在一起。既然你們獨自做事總是失敗，為什麼還不和好呢？」

甲父史和公石師聽完這番話，對視著會意地說：「要不是密須奮這番話，我們還會各行其是，受更多的挫折！」於是兩人言歸於好，重新在一起共事。

密須奮舉的五個例子，及甲父史和公石師的教訓，說明個體的能力非常有限，在生存發展的鬥爭中，只有堅持合作、取長補短，營造一個集體，才能贏得勝利。

心靈透視鏡

「這是班上的事，應該會有更厲害的同學出來參與，我不用操心」、「這件事不關我的事」、「我不想惹太多麻煩」……很多孩子正是因為推諉的心理，才逐漸開始缺乏集體榮譽感。他們認為，把自己的事做好就可以了；他們不知道，只有每個人都把班裡的小事做好了，才能一起做大事，創建一個良好的班集體。當每一個學生都有了集體榮譽感，就會時刻為集體著想：有同學表現不好，就會有人告訴他「這樣做會給班級丟臉」；有人表揚班級時就會感到自豪。把班級的事當成自己的事對待，學生就會和班級緊緊結合在一起。在這種氛圍下長大的孩子，會更熱愛社會與國家。

第 18 堂課

厭學未必是厭惡學習本身——知識重要，主動學習知識更重要

思齊上高中前，功課一直都很不錯，從來沒有跌出過前十名，有時還會拿到前三名。因此，思齊的父母一直認為他可以考上重點高中，可是思齊卻因為臨場發揮得不好，與第一志願失之交臂。最後思齊父母透過關係，還是將他送進了重點高中的普通班。

高一第一學期的期中成績出來，嚇了他們一大跳。思齊居然考了班級第三十五名，而思齊這個班總共也只有三十九個人。思齊的父母覺得很不可思義，媽媽甚至還狠狠教訓思齊，無非是說一些「爸媽那麼辛苦把你送進重點高中，你一點都不爭氣」、「你根本沒把功課放在心上」、「剛到一個新學校，你是不是交了什麼壞朋友」之類的話。面對爸爸媽媽的責問，思齊都選擇用沉默來抗議。無論思齊的父母用什麼方法讓他開口，他都不理睬。

這時候，思齊的表姐向思齊父母透露了一個訊息：思齊部落格裡的內容都是什麼「我心情很不好」、「再也不想上學」等內容，上傳的那些圖片更是可怕，充滿了死亡的氣息。

後來，思齊的表姐與思齊談話才知道，思齊從上高中以來就沒認真聽過課。他覺得學習

太沒有意思了，就像在為父母而學一樣。覺得自己既然沒考上重點高中那就去上普通高中嘛，為什麼硬逼著念重點高中呢？這次他考試沒考好，完全都在意料之中。

相信知識的力量，可以給予我們更多。我們現在也許覺得讀書很辛苦，可是這一切的辛苦都是為了自己的將來。學好有用的知識，才有機會考上自己嚮往的大學，畢業後出去為自己打拼。當父母不理解自己的時候，要明白兩個道理：一是父母都是為孩子好；二是學好知識真的很重要。可以主動找父母說說自己的想法，沒必要與父母鬥氣，這樣受到損害的只是自己。

每個人在每一個人生階段都有自己的責任和任務，而讀書這件事就是學生的任務。讀書這看似簡單的行為，對正處於摸索階段的青少年來說，卻也存在不少問題。

根據調查，厭學的學生在青少年的比例中達到一半以上，而國中生厭學情緒竟高達將近七成，可見當今厭學情緒的普遍性。厭學情緒主要表現為懷疑知識的有用性、對學習消極應付或是學習動力不足，感到學習沒勁，喪失上進的信心，還有就是對學習沒有興趣，把學習視為苦差事，認為自己是為父母或是老師而讀，只想著早點畢業，嚮往著社會上的生活。

孩子產生厭學情緒，家長自身有沒有問題呢？不防來檢測一下。第一，你是否經常把「你沒有認真讀書，不爭氣」掛在嘴邊？第二，是否經常拿讀書來懲罰孩子？第三，是否在孩子考不好的時候加以指責？第四，是否忽視孩子小小的進步？如果有以上問題，能否從修正自己做起呢？如果這一切都改正了，我相信孩子的厭學情緒也會逐漸消弭。

有些孩子的學習能力沒問題，但因缺乏動力，所以常常心不在焉，因而成績低落。如果是這樣，家長就要找一些有趣的資料結合教材，來引起孩子的興趣。如果是因為心理問題，家長要先幫孩子解開心結，才能讓孩子全心投入學業。有些孩子先天有缺陷，比如語言障礙、過動、視力不佳、聽力不好、對符號辨識有困難等，就必須透過專家的協助加上醫療配合，才可以讓他們在某種程度上獲得讀書的樂趣與益處。

孩子厭學，不管是什麼原因引起，父母都不要輕易埋怨和責備孩子，更不要採取打罵和懲罰的手段。只有做好孩子的心理建設，合理引導孩子，才能真正幫助孩子脫離「厭學症」。

心靈透視鏡

不要太難為你的孩子，不要一味責備孩子懶惰或不自愛，每個孩子都希望自己品學兼優，成績不好一定有不得已的苦衷，做父母的應該去瞭解。家長不應過分看重孩子的成績，要看孩子的整體表現。如果孩子很努力也得不到好成績，家長應理解，不要再加諸過分的壓力。家長要指出孩子的優點，讓他知道自己的潛能，從而對自己建立信心。

第19堂課

只要努力，沒有什麼輸不起——教孩子正確看待考試失利

青少年處於升學主義掛帥的教育環境裡，每天都要面對很多考試。數學剛剛測驗完，語文又要測了，好不容易所有的科目都測驗了一遍，期考又來了。大人做事尚且不可能樣樣成功，更何況是孩子呢？那麼多次的考試中，孩子總會有時候考砸了，也許是因為生病，也許是因為那陣子遇到什麼不開心的事，又或者是因為著迷於別的東西而耽誤了功課。家長們總認為，孩子考好是應該的，卻不瞭解孩子力不從心的痛苦。

有的家長將自己未實現的兒時願望，寄託在孩子身上，希望孩子認真讀書，圓自己未完的夢想。由於家長對自己的孩子期望過高，而導致部分孩子出現失落、情緒不安等心理狀況。而家長的期望與孩子的實際表現往往會存在一定的落差，考好了，家長眉開眼笑，猛誇自己的孩子爭氣；偶爾一次考砸了，立刻變臉，有的家長還會因此動手打孩子。難道分數可以打出來嗎？孩子優秀與否，不能單憑考試成績而定，應該看孩子的整體發展。當孩子考試考砸的時候，更應給孩子安慰及鼓勵，幫助他們調整好心態，以順利度過難關。

青少年也不要因為自己考試考得不好就自卑，認為自己徹底失敗，比不上其他同學。只要我們從失敗的經驗找出自己成績不佳的原因，再來解決狀況，相信一定可以漸入佳境。

期考成績一出來，國祥整個人就呆住了，這次考試他考砸了！數學成績更是考出了史上最差的四十一分！當他看到成績單，簡直不敢置信，考試之前自己努力溫習功課，卻還是考壞了。考試前，國祥曾忐忑不安的問媽媽：「媽，如果這次期考我考得不好怎麼辦？」媽媽卻鄭重地對他說：「你一定能考好，因為你聰明，學習上也認真，不要讓爸媽失望哦！」如今考成這個樣子，自己真不知道要怎麼去面對媽媽。

回家的路上，國祥望著自己被路燈拖長的影子，越想越害怕。害怕的同時也在懊惱，覺得自己怎麼那麼笨，竟然考出這麼低的分數。他第一次希望回家的路可以變長一些、再長一些。垂頭喪氣的回到家，媽媽看出了他神色不對，大概就猜出是怎麼一回事。她開口問道：「成績出來了嗎？考得怎麼樣？」面對媽媽的疑問，國祥不敢回答。可紙是包不住火的，自己考砸的事，媽媽早晚要知道，他還是從書包裡把成績單交到媽媽手中。

媽媽仔細看著那張成績單，臉色漸漸變了，她抬起頭望著兒子，問道：「可不可以告訴我，為什麼考得那麼差？」國祥沮喪地答道：「我真的不知道，我也有努力複習，可還是考得那麼差，也許……也許我天生是個笨蛋吧！」望著兒子傷心的樣子，本來想要發火的媽媽心也軟了，開口道：「我先不追究你這次考差的事情，我們先來分析一下，為什麼明明認真複習，還考砸了。」接下來的一個小時裡，母子二人拿著試卷一起分析，終於找出了癥結所在。原來國祥的學習方法有問題，他常常只會死記硬背，當題目換了角度來出的時候，他就亂了手腳，解答得亂七八糟。找到問題，國祥才明白，自己應該要掌握解答的方法和竅門，而不是生搬硬套，死記硬背。

國祥覺得自己更愛媽媽了，因為自己考砸，她不但沒有責罵，還幫助自己找到失敗的原因。下一次期考時，國祥滿懷信心的答題。可成績出來，還是離自己的理想有一定的距離，這一次，他的數學考了六十一分。回到家，向媽媽報告成績，媽媽說：「六十一分嗎？也就是說，你這次數學成績比上次高二十分？你同學之中還有誰考得比上次多二十分以上嗎？」國祥低頭想了想，搖搖頭。媽媽笑了：「那就證明，你是全班進步最多的一個！媽媽已經很欣慰了！」

不要只放大孩子的缺點，而忽略了他們的進步，哪怕只是一分的進步，那也是孩子經過好幾個月的努力學習換來的。無論孩子這一次考得有多差，我們都不要放棄他們，應該為孩子分析考砸的主要原因，糾正孩子錯誤的學習方法，積累每一次考試的經驗，幫助孩子恢復信心。

美國著名教育家塞德爾茲面對兒子失敗的態度值得借鑒。

他的兒子是全班最小的學生，七歲就完成國小教育。

有一次，學校舉辦體育比賽，結果他得了倒數第一，感到非常難過。

塞德爾茲對兒子說：「你不必為這件事感到難過。」

「我真是太笨了，竟然得了倒數第一，太丟臉了！」兒子沮喪地說。

「是啊，最後一名不光彩，可是你想過其中的原因沒有？」

「什麼原因？」

「因為年齡。你想想看，你的對手都是比你大好幾歲的孩子，這個很正常……」

「可是我不能因為年齡小就比他們差呀！」兒子不等父親說完就打斷他，「雖然我年紀小，可是功課比他們優秀，偏偏體育一項太差了，多丟人啊。」

「不，你這樣說不準確。智力可以透過教育和勤奮得到發展，但年齡卻是任何人都不能改變的。他們比你跑得快完全是因為他們年齡大，個子高，腿比你長。如果他們比你跑得慢，那不是很糟糕嗎？我肯定，等你長到十一、二歲時，一定比你的同學跑得快。」塞德爾茲一本正經地注視著兒子，溫柔地說。

聽到這裡，小塞德爾茲明白了道理，學會正視失敗。

心理學家認為，在日常生活中，父母都可以採取類似的教育方法。無論孩子遇到什麼困難，家長都不要迫不及待地幫助孩子達到目的，而是應該先問問孩子：「你覺得應該怎麼辦？」「你有什麼好辦法嗎？」引導孩子學會思考問題，等孩子思考後，再跟他一起分析孩子想法中的優點和不足。

心靈透視鏡

學習之路不會一帆風順，考砸了沒有關係，只要不被困難和失敗打倒。站起來檢討自己，再堅韌地往前走去，成功就在不遠處向你招手。

第20堂課

我被青春撞了一下腰——教孩子正視戀愛課題

一個小男孩與一個小女孩相互喜歡著對方，可他們還只是國中生。老師和父母知道了這件事，自然很反對。教務處甚至還提出，如果兩人不好好處理這段關係，只能把他們給開除了。雖然如此，兩個孩子還是決定在一起，永遠不分開。班導師問他們：「你們真的要永遠在一起嗎？」兩個孩子用力地點了點頭。老師接著說：「好，如果你們可以保證不影響功課，並且給我寫一張承諾書，承諾十五年後你們仍然在一起，我就和教務處商量不處罰你們。」兩個孩子當時就寫下了那張承諾書。

國中畢業後，兩人順利考上了高中。但考大學的時候，男孩只考到一所普通大學，女孩卻考上外地的一流學府，於是兩人分開了。再後來，女孩家裡把她送到英國去留學，只給男孩留下一個通信地址。

終於到了國中同學聚會的時候，當年的孩子大都已經成家立業。而男孩也在等著那位女孩出現，他要問問她，為什麼去英國那麼多年，只給他回過一封信。男孩終於等到女孩出現，卻看到女孩挽著一位外國人，笑盈盈地向大家介紹，那是她的老公。男孩震驚了，趁沒有人的時候，他問那女孩：「你不記得我們十五年的約定了嗎？」女孩驚訝地睜大了眼睛說道：「那時候我們還小，不懂事，我現在已經成家了。」

早熟的戀情只是童話故事裡那枚青蘋果，看著好看，卻是青澀的。這枚青蘋果是幼稚的、是青春的。可是只有當蘋果變紅，才是一枚成熟的蘋果。青春期的情感萌動是一件正常而美好的事，但未成年男女過早建立戀愛關係，只會影響到學習。事實告訴我們，很少有早期初戀的青少年，成年後仍然在一起。

國中到高中這個年紀的青少年，正處情竇初開的時候。這時結交異性朋友，常常分辨不清自己的情感，因此有可能互相傾慕。而當父母和老師一發現青少年談戀愛，就會感到震驚、憤怒，認為這個孩子太不像話了。有些老師甚至認定這樣的孩子品德太差。

其實，青少年談戀愛與品德素質無關，而是性心理提前成熟。應該設法讓青少年知道太早談情說愛的危害性，轉移他們對愛情的過早關注，只要能因勢利導，給予切實的幫助，那麼大部分青少年是可以擺脫戀愛羈絆的。

青少年陷入戀愛漩渦是存在很大弊病的。由於滿腦子只想著自己喜歡的對象，沒心思學習，因此上課的注意力就難以集中，導致學習成績下降；另一方面，青少年的心思尚未成熟，或多或少都會帶著一種自以為是、易衝動的情緒，所以情緒不穩定，流於感情用事，造成「偷吃禁果」等等嚴重的後果。當然也有不少談戀愛的青少年並沒有荒廢學業，反而雙雙考上很好的大學。但由於青少年畢竟還只是孩子，能控制好感情和理智的還是少數，調查顯示，九成以上的青少年戀愛都是「無疾而終」，白白浪費了大好的青春年華。

吳老師發現最近幾次上課，小黎都顯得心不在焉，大大的眼睛經常失神地望著窗外，不知道在想些什麼，有時候想著想著還會忍不住輕笑出聲來。不僅如此，小黎現在很喜歡獨來獨往，這幾次測驗，她的成績也有輕微的下降趨勢。經過一陣子觀察後，吳老師發現她談戀愛了。小黎的父母也反映，小黎最近總是不按時回家，而且回到家都不大願意和父母說話。

第二天放學，吳老師把小黎叫進辦公室。吳老師拿出一封信，交到小黎手上。小黎疑惑的望著吳老師，吳老師示意她打開那封信。小黎讀著那封信，讀著讀著臉就紅了，原來那是一封女孩子寫給男孩子的「情信」。

沒想到吳老師中學的時候也談戀愛呢。吳老師給她說了一個故事。那個時候，還是學生的吳老師喜歡隔壁班一位愛踢足球的男孩，為了他，下課也不願意回家，總是站在足球場邊看他踢球；上課的時候不能專心聽課，腦子裡總是浮現他的身影，後來還給他寫了一封情書。誰知第二天下課，他把信交回到吳老師手上，並告訴她：「我知道妳，妳是隔壁班那位優秀的女孩，可是如此優秀的女孩為什麼不明白一件事情呢？我們現在是學生，首要任務就是好好讀書，先把書讀好最重要。我很高興和妳做好朋友，但是我希望僅僅這樣而已，好嗎？」

接下來的日子，吳老師和男孩成為好朋友，他們總會在一起解決一些功課上的難題，可是不談戀愛。他們維持了好同學與好朋友的關係，直到現在，吳老師和他仍舊是很好的朋友。

心理學上認為，戀愛是否過早，不應該僅僅從年齡上論斷，而是要從心理發育的成熟程度來判斷。青春期既是孩子身體成長、知識積累的時期，又是性心理成熟發育的階段，是對異性產生好奇和愛慕的時期。

進入青春期之後，隨著生理上的發育成熟，性意識萌芽，少男少女都會對異性產生愛慕，有一種與異性相互瞭解、交往並且親密接觸的欲望，這是非常正常的心理現象。在某種意義上來說，若沒有外界刺激，性意識的萌芽只會處於自發性的狀態。在尋求親近和依戀的過程中，很少會有色情的動機，或者是幾乎沒有。這個時候的愛情是柏拉圖式的，帶有一定幻想和完美主義色彩。它能夠讓一個孩子發揮自己的最大潛力，向自己欣賞的人展示自己最美好的一面。

這個階段的孩子情感豐富，喜歡以成年人自居，卻又無法在經濟上獲得獨立。青春期的騷動讓他們坐立不安，卻又無法運用當前的心智來解決自己成長過程中的苦悶和煩惱。

家長給予他的幫助如果很少，他們就會求助於與自己有著相同心態的同齡人。性別上的差異會讓他們對彼此充滿了好奇和嚮往，渴望被傾聽和瞭解，來緩解青春期的不安和焦慮，因此他們交往異性朋友就成為情感認同不可避免的結果。

對於孩子談戀愛，即便我們也嘗試過酸甜苦辣的戀愛滋味，但是當你站在過來人的角度上，看孩子走上自己當年熟悉的「愛情路」時，不可避免地會有情緒。你或許不知所措，甚至可能不近人情，恨不能一下子掐滅孩子戀愛的火苗。

但是，孩子跟同齡異性之間的交往，是精神上的需要。家長不要粗暴地制止他們和異性接觸，以免引起孩子的反彈心理。同伴之間的交往可以讓孩子開拓眼界，提升孩子的思考力、注意力和觀察力。

更重要的是，人際交往對孩子情感和個性的發展具有關鍵的促進作用，他們會在這種交往中體會人與人之間的關係，進而學會一些初級的社會規範和行為準則，並恰當地處理自己和他人的關係。

一個既有同性朋友，又有異性朋友的孩子，性格會比較開朗豁達，情感上的體驗也會比較豐富和深刻，待人處世大方得體，自制力也比較強。若僅僅是在同性的圈子中交朋友，孩子的性格、氣質、社交能力會受到一定的限制，個性發展也不全面。父母的正確做法是，鼓勵孩子同時和多個男女同學一起來往，培養廣泛的友誼，而不是僅僅侷限於某一個人。

你也可以鼓勵自家的孩子將同學和朋友帶來家裡玩。這樣做一方面可以讓你和孩子之間建立牢不可分的信任關係，另一方面也可以瞭解孩子的交往圈。要讓孩子知道，若僅僅將交往對象侷限於某個小範圍，將會失去和大多數朋友、同學接觸的機會。現代的孩子應該多交幾個跟自己性格、興趣不同的朋友，而不是只和志趣相投的人接觸。只有這樣，才能更深刻體會到友誼的意義。

心靈透視鏡

從心理學的觀點來看，青春期的少男少女共同特點就是封閉性，他們不大輕易吐露真情，開始帶有文飾的、內隱的、曲折的性質，而且外部表情多和內心體驗不一致。在異性交友過程中也顯現出開放性、矛盾性、不穩定性、獨立性的特徵，並且理智與情感經常交替鬥爭，從而帶來種種矛盾。為了和青春期的孩子順利交流，父母應當首先讓自己冷靜下來，給孩子指出談戀愛帶來的種種後果，培養其正當的愛好，早日擺脫渴望戀愛的陰影。

第21堂課

虛擬世界的罪與罰——擺脫網路的各種不良誘惑

隨著現代科技的逐步發展，青少年獲得知識的途徑越來越多了，電視、電腦等都是最基本的工具。這些工具不僅可以大大開闊孩子的視野，視覺上的刺激又使他們學到更多生動的知識。然而，網路的開放性、安全性也成為父母擔心的問題之一。

現在雖然有家長為了禁止自己的孩子過於沉迷網路世界，所以在孩子上大學前都不會給他配置電腦。可是隨著大街小巷網咖的增多，青少年又多了一個上網的地方。常常有青少年翹課到網咖上網，更有些家也不回，直接在網咖通宵過夜。

青少年接觸網路主要是為了滿足交往的需要、擺脫生活壓力的需要、刺激興奮情緒的娛樂需要、消磨時間的需要，以及社會學習的需要等。要治理青少年網路成癮問題，得先瞭解青少年的發展需求，並想辦法滿足他們的需求。父母不但要關注青少年的學習，更應關注他們的身心健康，滿足他們心理與成長的需求。

小海上學期的期末考試，取得了全年級第三名的成績。為了獎勵兒子，小海的爸爸給他買了一台電腦。誰料小海把這台電腦當成遊戲機，每天回到家就把自己關在房間玩網路遊戲，什麼「CS」、「魔獸」等等，玩得昏天暗地。結果這次段考，小海竟然兩科不及格，成績一落千丈。小海的父母後悔不已，於是做出了「斷網」的決定，並把電腦給送到親戚家，以為只要沒了電腦，小海應該就不會再沉迷於網路遊戲了。

可是不久，他們就接到老師的電話。老師反映，最近小海常有曠課或是早退的情況發生。小海的父母詢問了好幾個同學，才知道小海最近不上課，就是為了到學校附近的一家網咖玩遊戲！小海的父母感到很痛心，第二天趁上課時間跑到學校一看，小海果然不在教室。他們急忙到學校附近的那家網咖，兒子真的坐在一台電腦前玩得不亦樂乎。當天晚上，小海當著父母的面，保證再也不進網咖。

可過了一個星期的一天晚上，小海居然一整晚都沒有回家。小海的父母急瘋了，到處打電話，最後就在一家更偏僻的網咖找到了小海。網咖裡煙霧繚繞，小海坐在電腦前玩得兩眼通紅。

其實上網、玩遊戲等等並不是壞事。電腦不僅僅是一台遊戲機，它還讓我們學到很多有用而有趣的知識，比如，可以在網上看到各地的相片與情況，那就相當於去旅遊了一回；又比如，可以查到很多書本上學不到的知識，幫助我們開拓眼界；玩遊戲還可以放鬆自己疲勞的大腦。

但是玩遊戲也要有個限度，要學會合理的安排時間，每天把大量時間花在上網玩遊戲，學習成績下滑不說，還會影響身體，讓父母擔心。

想要上網玩遊戲的孩子，可以和父母一起列一個計畫表，例如每天幾點到幾點學習功課、每週有幾天或是幾個小時上網。有了一個合理的計畫表，父母自然就不會限制上網、沒收電腦了。

其實孩子到了國中階段會比較適宜玩電腦，他們可以透過電腦開拓自己的視野，進而學習到其他有用的知識。父母要激發孩子利用電腦學習的興趣，但不是逼著孩子學習電腦，同時也不要剝奪孩子愛玩的天性。只要父母和孩子講清網路不良影響的危害，與孩子商量合理的時間分配，那麼孩子不但不會有「網癮」，反而會成為多方面發展的綜合性人才。

心靈透視鏡

上網已經成為青少年日常生活的一部分，臉書、網路遊戲等無不記錄著青少年成長痕跡。如果不想被父母剝奪上網的權利，就應該瞭解到什麼是網路上的禁區。父母也要試著讓孩子在輕鬆玩遊戲的同時，用電腦培養專長，讓電腦在孩子成長過程中真正發揮積極的作用。

第22堂課

不要讓孩子給你掙「面子」——讓孩子正確面對老師找家長的問題

教育畢竟不是學校單方面的事情，必然需要學校和家庭互相配合、共同完成。老師針對的是群體，家庭針對的是個體。如果完全憑老師或學校的單方面努力，那是完全不可能達到理想的教育效果。所以遇到問題的時候，還是需要家庭和學校進行配合。

老師請家長到學校，是每位家長都可能遇到的事情。其實老師請家長到學校，不僅是學生會恐懼，家長也會感到害怕。父母普遍認為，被老師請到學校去，多半是自己的孩子犯錯誤，這對孩子、對自己都是一件很「丟臉」的事情。因此，要想讓自己的孩子不排斥老師找家長，那麼自己就要先正確面對這個問題。

其實老師把家長請到學校去，大多是為了與家長進行溝通，共同研究學生出現的問題，所以是利大於弊的。透過雙方面來分析問題，進而對症下藥，就可以幫助孩子解決問題。而老師找家長的時候，也要注意一下方法和態度。首先，不要當著全班同學的面直接找某位學生家長，這樣會讓孩子覺得自尊心受到傷害，進而討厭這位老師，甚至開始排斥這位老師的課。其次，把家長請到學校後也要注意自己的態度，不要一味的數落學生的不是，要記住「學生學得不好，老師有一半以上的責任」。要以積極的態度和家長分析問題的原因所在，因為請家長來的目的是解決問題，而不是製造新問題。

青少年在知道老師將自己的父母請到學校時，不要急著否定自己，也不要覺得自己很丟人，老師和父母進行交談，也許會更有利於自己的進步。

班會快結束的時候，梁老師突然對小娟說道：「小娟，明天請妳媽媽到學校來一趟吧。」老師的這句話讓小娟很不開心，她不知道自己做錯什麼，讓梁老師要請媽媽到學校來，而且還是當著全班同學的面說的，這讓她很沒面子。可是既然老師開口，自己怎麼可能不告訴爸媽呢？

晚上回到家，小娟的爸媽就覺得小娟一直猶豫著有話要說，一直到了臨睡前，小娟才站在客廳，用很低的音量說：「媽，梁老師要妳明天到學校去一趟。」小娟的媽媽也吃了一驚，問道：「梁老師有沒有說是什麼事？」小娟搖了搖頭：「沒有，只說讓我叫妳一聲。」說著又嘀咕了一句「真丟人」。一整個晚上，小娟媽媽和小娟都翻來覆去的睡不著，第二天都頂著大熊貓眼去學校。

晚上，小娟放了學，一直不敢回家，而是去了奶奶家。奶奶覺得奇怪，平時小娟都是週末才過來的，今天是怎麼了？奶奶拿出小娟最喜歡的零食，問道：「小娟，今天怎麼過來，想奶奶了？」小娟嘟著小嘴說道：「奶奶，我不敢回家，老師今天把媽媽請到學校去了，不知道發生什麼事，我怕回到家被媽媽罵。」奶奶說道：「可是平時，媽媽是從來不罵妳的啊，只有在妳做錯事的時候才會念妳幾句。」小娟說道：「可這次是我第一次被老師說要找家長，真是太丟人了，全班都知道了，媽媽肯定也覺得我再也不是她的乖女兒了。」聊了一會兒天晚了，奶奶叫小娟的叔叔把她送回家。

回到家，小娟還是忍不住主動問媽媽：「媽，今天梁老師把妳叫去說了些什麼？」媽媽道：「小娟，妳過來坐。」待小娟坐定後，小娟媽媽才說：「小娟，妳最近是不是和班上幾個同學很要好？」小娟答道：「對啊，我和小敏、小麗玩得很好，我們都覺得很開心。」媽媽說道：「可是媽媽聽說，妳們拉幫結派的去排斥其他同學，而且上課還老是傳小紙條，不好好聽課。」小娟聽到這，低下頭說道：「我就知道梁老師要告狀……」媽媽說：「小娟，老師和媽媽並不是反對妳交朋友，相反的，當媽媽知道妳交了幾個好朋友的時候，覺得很高興。可是，朋友不是越多越好嗎？就算妳不願意和別的同學交朋友，也不能排斥他們啊，對不對？這樣，他們會有多難過，他們的父母也會覺得很傷心的，哪個小孩不是父母心目中的寶貝呢？試想一下，如果被排斥的是妳，妳會怎麼辦？另外，上課傳小紙條的行為也是非常嚴重的錯誤，這不但影響妳的學習，同時也影響了其他同學的學習。有什麼話可以留到下課再說，對不對……」聽完媽媽的話，小娟雖然知道自己的錯，卻依舊怪梁老師不該把媽媽請到學校去，這樣讓她很丟臉。媽媽知道了她的想法，說道：「小娟，這次去學校，梁老師不僅僅是向媽媽反應這些問題，還讓媽媽知道了一些以前不知道的優點呢。妳跳繩跳得很好，梁老師說下次讓妳代表班級參加比賽；另外，妳很活潑，這給同學們帶來很多歡樂……」小娟聽到這些開心的笑了。媽媽接著說道：「妳想一下，如果老師沒有向媽媽反映妳的那些錯誤，媽媽怎麼能幫助妳去改正呢？如果老師沒有請媽媽去學校，媽媽又怎麼會知道妳在老師和同學心目中是怎麼樣的形象呢？所以不要覺得家長被老師找去是件丟臉的事，這只是一種幫助妳進步的方法……」

老師偶爾找家長是可以的，但不要太過頻繁，而且在老師找家長前，建議先和自己的學生進行溝通。如果學生可以在溝通中改正錯誤，那麼就沒有必要再找家長了。孩子的心是敏感的，他們會認定家長被找去學校是件丟臉的事。不過有時候，孩子需要家長的配合才能轉變思想、改變習慣。有些孩子因為家庭環境或者性格原因養成不良習慣，對學習和生活都造成很大問題，老師有必要和家長溝通。一個不良習慣的養成必然是長時間的疏忽和鬆散造成的，和家庭有著密切的關係。家長從學校回來後，不要在孩子面前表現出自己的不滿，而是要讓孩子明白，老師請家長去學校是為了讓他更好。

心靈透視鏡

學校找家長來的目的是解決問題，而不是製造新問題，所以老師應該根據實際情況來處理，而不是動不動就叫家長，否則可能事與願違或適得其反。同樣，青少年不要把這種事看成是丟臉的事，因為這幾乎是每個孩子在求學時期都會遇到的事情。

第23堂課

知識是獲得財富的秘鑰——幫孩子走出想賺錢不想讀書的迷思

有一尊神，眼睛方正，臉色殷紅，圓臉上刺了些符號，身上熱氣沖天卻又夾著臭味。許多人圍在祂四周叩拜，誠懇恭敬；也有些人既不以為然又捨不得離開，站在旁邊觀望著。

有人發問：「這是什麼神？有哪些功績？為什麼如此不可一世？」

神傲慢地說：「我的功績無可限量。沒有我，天下人皆會窮苦困頓、難以生存。高官富甲對我孜孜以求，得到我便不可一世；平頭百姓對我恭順有加，希望我能青睞於他們；官吏沒有我就失去為官的樂趣，商人沒有我就不會勤勞經商，交遊沒有我就無以為繼，文章沒有我就難以顯達，氣質沒有我就勿談高貴，親戚沒有我就不會親近，家庭沒有我就必然失和，連愛情和生命失去了我也不能持久。你說，普天之下，誰有我的功績大呢？」

一位不服氣的年輕人站出來說：「可是，當初人類從洪荒中走出來時並沒有你，千百年的捕魚耕田也不見你的身影，反而是你這傢伙出世以後，才攪得世道紛亂，人心不古，各種罪惡橫生。人們開始損人利己，爾虞我詐，敲詐勒索，弄虛作假，走私販毒，巧取豪奪，行賄受賄，狂賭亂嫖，賣身求榮，草菅人命和醉生夢死……這些都是拜你的誘惑和推波助瀾所賜！你製造爭鬥，親近邪惡，敗壞人心，這些都是你所謂的功績？你驅使天下數不盡的人為你忙碌奔走，即使正直純樸的人也很可能受你的影響而變得自私可憎。你說，你功在哪裡？績在何方？」

這尊神沉吟了一下道：「你這小子血氣方剛又稚氣可愛，你發表的這一通演說實在是正確極了，但它恰恰顯示了我的神通廣大，而且也說明歷史發展的必然過程，同時也提示了人的本性。往後我仍然會大受歡迎，是不可缺少的目標和原動力。不信，你就等著看，哈哈！」說完，這尊神仰天大笑，轉身離去。這時，大家才看到祂背後刻著一個碩大無比的「錢」字。

上面的寓言深刻說明：錢的確很有神力，但也有巨大的危害性。我們應反對「拜金主義」，讓錢回到「實現商品交換價值」的本位上，發揮其應有的作用。

金錢觀就是對金錢的認識、分配與使用方法的思考與行為模式。現在的孩子在很小的時候就認識這個神奇的物品，如果能給予正面的教育與示範，能幫助孩子在處理金錢事物時養成良好的習慣。對青少年來說，家庭的影響往往是最直接的場所，孩子是很擅於模仿的。所以大人的一舉一動，無不影響著孩子的成長。有些家長從小就給孩子使用名牌商品，並用大量的金錢來滿足孩子的各種需求，只要能用錢解決事情，從來不會對孩子說一個「不」字。

正是因為這樣，很多青少年國中一畢業，就連高中也不想念，只想著快點步入社會，早早賺錢。如今青少年的高消費現象，扭曲了孩子之間的人際關係，加重了家長的經濟負擔，不利於他們的健康成長。因為他們從父母那裡得到的資訊就是「金錢萬能」、「我爸媽常常用錢就能幫我解決很多問題」、「還浪費時間讀書幹什麼？不如直接出去賺錢」……

我們再來看一則童話故事。相信很多人小時候都讀過，不如再次走回兒童時期，回味一下吧。

古時候，有位國王擁有無數土地、滿屋子的金銀財寶，可他仍覺得不滿足。

一天，有個「金仙子」問國王：「國王陛下，您覺得到底要怎麼樣才會快樂呢？」

國王說：「我想要有一隻金手指，只要用它隨便一碰，什麼東西都可以變成金子，那我就會快樂。」

「真的嗎？您真的想要一隻金手指嗎？您要不要考慮一下？」

「不用考慮了，這是我一生中最大的夢想，只要夢想能實現，我就會很快樂！」

於是，金仙子就滿足了國王的心願，將他的一隻手指變成了金手指。國王只要隨意一指，碰觸過的東西都變成了黃金。國王興奮極了！

國王來到花園，聞到陣陣花香，就順手摘朵花來聞賞。可手剛一碰到，花朵就變成了金花，不再有香味。

國王又走到餐廳，垂涎欲滴地想飽餐一頓。可當他拿起食物時，食物也瞬間變成黃金。

國王最疼愛的小女兒跑了進來，國王高興的抱起她，可霎那間，她也化為一尊黃金人。

「混帳，這是什麼金手指，居然把我的女兒都變成了金人。」國王怒吼，「來人，把『金仙子』給我抓回來！」

可是金仙子已經不知去向，而國王又餓又渴，還失去了心愛的小女兒，讓他非常痛苦，「金手指」成了揮之不去的夢魘。

看了這個童話故事，我們應該明白。金錢並不是萬能的，如果獲取的方法不得當，只會損人不利己。而賺錢也不是那麼容易的事，錢不會從天上掉下來，而是透過自己努力工作換來的。知識就是打開工作大門的一把鑰匙，如果不讀書，就算有錢也買不到知識，更不能幫助你找到一份能勝任的工作。另外，要培養自己正確的消費觀念，不要盲目追隨大眾去購買一些自己不需要的東西。家長可以給孩子買一個存錢筒，讓孩子每天存一塊錢硬幣。幾年下來，就是一筆積蓄。

天上是不會掉餡餅的，用自己的知識所創造出來的財富才是最值得珍惜。

孩子不是生活在真空裡，會感覺到每個人財富的多寡不均。有一位家長說，自己家遠不如親戚家富裕，怕自己的孩子心理不平衡。某教育專家回答他：除了全球首富，世界上所有人都會在經濟條件上比某些人差，這是不可避免的事，家長對此要看透並處之泰然；其次，要讓孩子知道，他人之所以獲得財富，是因為他們有自身的努力、別人的幫助以及機會等原因；教孩子用平和的心態對待他人的成功，用他人——尤其是自己親人的成功，鼓勵孩子去努力和效仿；同時，要讓孩子意識到自己的特點，哪怕只是很小的特點，但有別於他人，讓孩子以此為榮；建立自己家庭的家風和傳統，以激發孩子的自信心。這些絕不僅僅是一個大人省錢的問題，而是磨練孩子心性、教孩子如何認識世界的重要過程；在這過程中，讓孩子逐步認識到，金錢不是評判價值的唯一標準，還有品行、情趣、性格、特長等等很多面向。

孩子常常會天真地比較，你家的房子有多大，我家的房子有多大。這是孩子正在認識現實的世界，重要的是成年人如何去解釋。如果家長簡單地說，他們家有錢所以房子大，那麼給孩子的是單一價值觀；如果給孩子說明房子的地理位置、外型、設計、房主對房子的愛護之情等其他方面，孩子接觸到的價值觀會更多元，金錢就不會成為唯一的標準。在這個物欲橫流的世界裡，要讓孩子有健康的金錢觀，家長的心態和引導方法非常重要。

心靈透視鏡

孩子生活的空間無非就是繞著學校和家在轉，因此身為啟蒙老師的家長一定要給孩子做出一個好的表率。讓孩子知道賺錢不容易，才能讓他們懂得花錢應該謹慎。與其過度寵愛孩子、讓孩子因錯誤的金錢觀誤導生活方式，不如讓孩子懂得節制和取所當得，在付出努力中，領略金錢所帶來成果。

第 24 堂課

別怕，考的都是「基本功」——幫助孩子緩解考試緊張情緒

張老師最近接到自己學生小麗的媽媽打來的電話。小麗的媽媽反映，女兒心理調適能力很不好，無論是大考還是小考，她都很緊張，只要隔天有考試，小麗必定會到深夜三、四點都睡不著覺。自從上次物理測驗後，小麗的情況越來越嚴重，隔一段時間就會變得難以入睡，有時候還需要媽媽陪她睡覺。睡眠不好，導致性格也變得很暴躁，經常發一些無名火。期末考試就要來臨了，小麗的父母很擔心她。他們也去醫院諮詢過醫生，醫生給小麗開了鎮定劑，但全都不管用。因此小麗的父母希望能得到張老師的幫助。

張老師接完小麗媽媽的電話後，開始思考這個問題。她細細回想小麗平時在學校的表現，小麗是一個較為活潑的女孩，和同學之間的關係融洽，成績也在中上水準。但是張老師也發現了一個問題，那就是她的成績極不穩定，偶爾突然考得很好，躍上班級前五名，有時候突然又失了水準，一下落到中下程度。以前張老師一直認為，可能是小女孩貪玩沒複習好，導致學習成績不穩定。今天聽到小麗媽媽的話，才知道小麗是因為考前對自己施加太大壓力，

而誘發了考試焦慮症。這樣的情況，在報紙和電視上偶有看到，有些考生因為太過焦慮，還會在考場暈倒，或是發生種種狀況。

張老師找到物理老師，查看了小麗上一次物理測驗的成績，發現小麗只考了六十一分，剛剛過及格分數。張老師決定先不找小麗談話，而是讓物理老師單獨把小麗請到辦公室，為她講解了上次物理測驗時答錯的那些題。

經過幾天的輔導後，張老師再給小麗媽媽打電話，詢問小麗的近況，媽媽說小麗最近稍有些恢復了。經過瞭解，張老師大致清楚小麗的心理狀況。原來小麗一直都擔心自己會考不好，怕老師罵她，她會覺得很難過，覺得自己實在是太笨了。

緊張情緒超過了一定限度，就會妨礙孩子的正常生活和學習，導致考試失利。發生過於頻繁的話，那就是焦慮過度了，屬於考試焦慮症。容易焦慮的孩子往往比較內向、敏感、多慮、缺乏自信，他們平時多半比較溫順老實，自制力和自尊心都比較強，做事認真負責。

老師出測驗題進行考試，並不是為了批評或是表揚哪一位同學，而是為了瞭解學生的學習情況，找出自己教學的缺陷或是不足，然後檢討改進。對學生來講，考試的目的都是為了查缺補漏，看看自己在哪方面學得不夠紮實，哪些知識掌握得還不夠。

很多心理問題都是因為不合理的信念造成的，如：「這一次我一定要考好，否則就完蛋了」、「明天就要考試，我還沒有完全準備好，這次我一定考砸了」、「上次我就沒考好，看來是我太笨了，這次也會考得很差」……那麼，不能克服緊張的心理該怎麼辦呢？只要確定自己在平時的學習中下了功夫，做出努力，那麼即便是考得不好，也還是對得起自己。老師或父母也是要參加各種各樣的考試，也不一定每次都能考好。你可以問問緊張的孩子三個問題：一，我平時認真學習和複習了嗎？我掌握好了嗎？如果是否定的，那麼孩子應該知道要如何去改變，不會的問題可以去問老師呀；二，我現在那麼緊張，還睡不好，這樣對我的考試有幫助嗎？三，我考試時只要不分心，認真解答每一道題，會考不好嗎？只要答完了這三個問題，相信就沒有那麼緊張了。

面對考試不要徬徨和猶豫，要踏實勤奮的「低頭耕耘」，這樣就能輕鬆擺脫考試焦慮的苦惱。

若孩子正處在緊張焦慮的漩渦之中，父母又該如何幫助孩子呢？

治療孩子考前焦慮的方法主要有兩種：教育治療和心理治療。

教育治療主要從父母日常生活中的潛移默化，讓孩子學會釋放壓力的方法。家長要給孩子創造一種輕鬆、快樂、和諧的生活和學習環境，不要讓孩子遭受到過於強烈的精神刺激，也不要給孩子太大的心理壓力。對孩子說話的時候，多使用鼓勵性的言辭。孩子被肯定的次數多了，受到鼓勵的次數多了，信心自然就樹立起來，焦慮當然也會得到很大的緩解。

心理治療方面，醫師會給予生理和心理方面的知識教育，同時還會根據情況，具體選用精神分析法、深度放鬆療法、催眠療法、積極心理治療等，以幫助孩子驅散焦慮的陰影。

心靈透視鏡

世上沒有長勝將軍，一次考試的失敗，並不能證明一個人是聰明或愚笨，更不能決定一個人的命運。一次的考試成績只是反映出最近學習的狀態，方便掌握學習成效。只要考生能記取教訓，就不必擔心考不好。和老師或是父母一起分析考不好的原因，不僅要找出解決問題的方法，還要找出進一步提升的措施，做到查缺補漏，達到有重點、有針對性的高效率學習。只要考生盡到自己最大的努力，不管結果如何，家長都應該貼心理解。

第25堂課

你在羨慕別人時，別人也在羨慕你——教孩子把嫉妒化為超越

這堂課，我們先做一個心理測試：

1. 你的嫉妒心強嗎？

和朋友一起走在森林時，遇見了壞巫婆，被她變成動物，你變成狐狸，那麼朋友會被變成什麼動物呢？

A. 鹿

B. 熊

C. 兔子

D. 松鼠

測試結果：

A. 選體型比自己還大的動物，表示你是寬容的人。以上四種動物裡，選鹿的你不但不會嫉妒對方，還會和朋友一起分享喜悅。

B. 你是神經很大條的人，雖然這麼說來好像是件壞事，但是不會嫉妒其實很好呢！這是因為對自己有自信，所以才不會去嫉妒別人。

C. 你會在不知不覺中嫉妒朋友。例如：怎麼他好像考試成績都比我好之類的，不過一般說來，任何人都擁有這種程度的嫉妒心。

D. 人如果可以去探索別人和自己的優點，嫉妒的強度應該也會自然減弱；如果是有自覺的嫉妒其實是不要緊的啦！不過，若是缺乏自覺會使你變得陰鬱可怕，所以要注意哦！

就青少年而言，讀書是他們當前的首要任務，而學習成績則是評價孩子的重要指標之一。因此，有些青少年學習成績不夠好時，容易嫉妒和討厭學習成績比自己好的同學，這在青少年是很常見的。例如，同學因為表現優秀而受到表揚，有的孩子會暗中不服氣，有的則公開挑同學的缺點和毛病，也有的故意表現出無所謂的態度，其實他們心中想的是：「有什麼了不起的，只要我肯努力，我也做得到。」

青少年之所以會嫉妒和討厭成績比自己好的人，大部分原因來自於學校和家長。老師多半偏愛學習成績好的學生，無論學校有什麼活動，都會優先考慮他們，就連安排座位的時候，也習慣把成績好的學生排在前面，成績較差的學生就安排在後面。更有的老師面對成績好的學生都是「眉開眼笑」，可是一轉臉對成績較差的學生就會「橫加指責」。而家長則是習慣性的攀比，每次一批評自己的孩子，就拿班上成績好的同學來說，什麼「你看，某某同學為什麼成績就是比你好」、「別人家的孩子為什麼就是比你爭氣」……長此以往，會讓孩子反彈，從而討厭某些成績比自己好的同學，導致厭學情緒。就有一個這樣的案例，直到今天提及仍讓人心驚肉跳：某高中女生因為嫉妒同班一位女生成績比自己好，而受到老師的特別待遇，晚上趁該同學睡著之際，把硫酸潑向她的臉……這樣的悲劇，難道老師和家長不該負一定的責任嗎？孩子的嫉妒心理，很大程度上是大人們潛移默化的影響，和視若無睹的默認造成的。

身為老師，應該啟發每個學生的積極性，做到公正公平的對待每一位學生；而做為家長，不要常拿別的孩子來貶低自己的孩子，破壞了孩子和同學朋友之間的和諧關係。老師和家長們都要知道，學習成績並不是唯一的教育目標。

文娟的媽媽在給她整理房間的時候，無意中在地上撿到了一張小紙條。這張小紙條讓文娟媽媽看得心驚肉跳：上面用筆畫著一個小人，小人被重重地畫了一個很大的叉，旁邊還重複寫著一些字：「馮宜靜，我討厭妳！」文娟的媽媽立即拿著紙條衝到客廳，問文娟這是怎麼一回事。

宜靜是文娟的同學。文娟認為，宜靜很得老師偏愛，這次學校的歌詠比賽，班上要選一位代表參加，老師馬上就選了她。大家明明都知道平時文娟的音樂成績是最好的，歌也唱得最好，老師憑什麼不選她？

後來的事態越發有些嚴重了，老師把文娟的媽媽請到學校。原來，文娟居然帶領班上一些同學把宜靜的課本扔到水溝裡，還常常當著全班同學的面挑宜靜的毛病，比如自習的時候，老師安排宜靜管理班級秩序，老師才出教室不久，文娟就開始和同學開小會，帶領自己的「小幫派」和宜靜做對。

文娟正是因為嫉妒心理，才出現了和宜靜作對的行為。當我們發現同學比自己更受老師喜歡的時候，先想一下，這位同學除了學習成績好以外，還有沒有別的優點呢？別的同學是不是都像你一樣討厭他？如果在自己這裡得不到答案的話，就去和同學溝通，問一下其他人你不爽的那位同學有什麼值得你學習的地方。如果真的覺得在某件事情上，老師偏心了，那自己找老師談一談。比如，覺得自己唱歌比那位同學好，那麼可以向老師自薦說自己也要參加歌詠比賽。其實同學之間是有競爭存在的，只要用正當的手段去競爭，就算贏不了同學，可你也光明正大，無愧於心。

人必然有差異，不是表現在這方面，就是表現在那方面。承認差異就是承認現實。要使自己在某方面進步，只有靠自己努力，嫉妒非但於事無補，還會影響奮鬥精神。提高自我意識的素質，是克服嫉妒心理的基本途徑。運用正確的方法去學習和競爭，才會成功。

話又說回來，其實嫉妒也並非完全不好，只要那份嫉妒沒有惡意，並且我們明知不好也無法避免，那乾脆就坦然接受自己的嫉妒，讓嫉妒成為鞭策自己前進的動力。一個有正確價值觀的人，不會被那些不可控制的嫉妒帶上絕路，而是憑著不服輸的嫉妒心，付出更多努力，以達到目標高度。上帝不會愛錯人，他偏愛的都是努力的人。

心靈透視鏡

嫉妒是不良的心理狀態，是與他人比較，發現別人在某方面比自己強，而產生的羞愧、不滿、怨恨、憤怒等複雜情緒。青少年嫉妒心強是不成熟的表現，父母師長應正面引導，加以克服。教孩子經常反問自己：「我做得夠好嗎？我有什麼優點？有什麼缺點？跟之前相比我進步了嗎？我嫉妒那位同學能幫助我進步嗎？」只要能做到自我檢討，那麼我們有理由相信，自己離進步不遠了。

第26堂課

可以沒有學歷，但不可以沒有能力——讓孩子懂得文憑決定不了人生

一個人可以沒有文憑，但不可以沒有知識；可以沒進過大學，但不可以不學習。文憑只是學歷的證明，它反映一個人接受教育時間的長短和擁有知識量的多少，但並不能簡單的等同於水準和能力。因此文憑不等於成功，充其量是個文化招牌，它就像一塊敲門磚，敲開了門之後就要看自己的真本事了。

現在整個社會都存在追求高學歷的「學歷情結」，促使不少學生認為學歷很值錢，有了高學歷才能找好的工作，才能找到出路。然而，隨著社會形態的改變，學歷越來越不吃香，更多企業寧可錄用專科畢業生，也不願意錄用研究所畢業生。據調查，很多企業反映，大部分碩博士倚仗自己的高學歷，要求薪水的時候漫天開價，而在試用階段就暴露出很多問題，只知道一些理論知識，一等動手操作，就茫然不知。

當然，強調文憑不能決定人生的同時，並不能否認學歷教育的作用。只是，很多青少年都想著：只要我考上大學，日子就輕鬆了。把大學四年混過去，讀書不用功，考試就作弊，

以為拿到了大學文憑，就一定能找到好工作。這種想法顯然是錯誤的，在現代社會中只要沒有知識就會被淘汰，因為「學歷」並不等於「學力」。

家輝就要念高二了，念高二要開始分文理科。父母對此很注重，兩個人拿出家輝的成績表來研究，想從中分析出家輝究竟適合念哪科。家輝卻一臉輕鬆，父母問他自己的意願，他都說：「隨便，念哪科都差不多，只要能和好朋友們在一起就好了。」父母一開始都以為自己兒子是心態好，因此文科還是理科都不重要。

但後來經過一次無意的交談後，他們才知道兒子是認為，只要能考上大學，拿到大學文憑，那麼以後的人生道路就無限暢通了。

家輝的爸爸開一間廣告公司。這天，他決定帶兒子到自己的公司玩一天。

這一天裡，家輝觀察到兩個人：一位很年輕，非常有能力，只要是下屬提出的問題，他都能輕鬆回答，大家看上去都很服他；而另外一位卻頻頻出錯，常聽到有電話過來責問他工作的事，而他受到責問後就更加手忙腳亂，不知所措，還得靠同事幫忙解決。

晚上回到家後，家輝忍不住向爸爸問起這兩個人。原來，那位有能力的員工是一個部門的經理，姓楊，常常能看到別人看不到的問題，是公司的台柱；而另外一位則是入公司一年半的何姓員工，平時工作經常出錯，人也比較懶散，有點不思上進。聽爸爸說完，家輝若有所思的點點頭。可是接下來爸爸說的話讓家輝非常吃驚：那位有能力的楊經理，僅僅專科畢業；而做事常出錯的何姓員工，則是大學畢業生。家輝露出一付懷疑的表情。

爸爸笑道：「不相信嗎？你只看到他們的學歷，卻看不到其他。楊經理還只是一所二流專科出身。當時人事部門和相關負責人也由於他的學歷問題而考慮很久，才決定試用他。後來他的表現非常不錯，除了平時工作認真負責外，也從來沒有停止過學習。他進修很多科目，每個月至少都有兩天要去上課。短短兩年半就升到經理，很多在公司資歷比他長的人都成了他的下屬。而小何呢？雖然是大學畢業生，心比天高，卻眼高手低，覺得自己文憑高，不願意向別人請教問題，完成本分後，也不願意再去學習新的東西，因此現在才會越做越吃力，他的上司已經在考慮要不要繼續留用他了……」

聽完爸爸的話，家輝略有所悟。

沒錯，文憑成就不了人生，雖然它有可能是一塊敲門磚，可是當大門敲開後，接下來只能靠自己的知識和水準。唯有努力多充實自己，才是最有用的資源。現在很多大學畢業生都找不到工作，正是因為他們缺少了一種技能，雖然拿著本科文憑，可是面試的時候卻一問三不知，大學四年顯然是混出來的。當然，青少年正處於學習階段，學好知識仍舊是一件很重要的事；考上好的大學，在大學獲取更多知識，這對我們將來走上社會是非常有幫助的。只是，千萬不要對文憑有太大的依賴。

文憑不等於水準，學歷不等於能力。文憑可以混，但人生卻混不了，社會需要各種不同類型的人才，既有知識型、研究型的，也有創業型、技能型的。人才成長的途徑多種多樣，必須綜合品德、知識、能力等情況，不能以偏概全，唯學歷是舉，這樣才能成為有用的人才。

心靈透視鏡

青少年這種「只要考上大學就萬事ＯＫ」的心理，正是家長與社會給他形成的價值觀。學校和家長應該關注怎樣提高教育品質，以此來教育孩子，這樣才能提供給孩子有品質的教育，也才足以在能力社會中突顯自己學歷之外的其他能力。

第三章

經歷越多，幸福的回憶也越多

挫折教育能使孩子真正享受生活帶來的喜悅

第27堂課

當不了富二代，可以努力成為富一代——讓孩子努力改變自己的處境

這是一則童話故事。

森林要召開運動會，森林之王老虎身為運動會的主席，開始召集大家參與。他要求小動物們分為幾組，自由組合。小花是一隻驕傲的小兔子，她為自己有著潔白的毛皮、漂亮的外表而自得不已。分組的時候，小花開始極力拉攏一些她認為能力很強的小動物，什麼小狐狸啊小孔雀啊……這時候，小貓一一怯生生地開口了，他也想加入小兔子這一組。小兔子不由分說就拒絕了，因為她覺得小貓一一是個窮小子，總得撿一些別人家扔的臭魚乾吃，嫌他身上總是臭哄哄的。就這樣，運動會主席將小貓一一安排到另一組。

運動會當天，小花這一組都很順利，分數遠遠超過了其他組，直到接力賽遊戲。這個項目要求所有組員都要參與，這下小兔子著急了：這可怎麼辦？自己不會游泳啊。前陣子媽媽把自己送去游泳訓練班，自己還是學不會。臨到小河旁的時候，小花膽怯了，顫抖著身子不敢下水。這時，不知誰從後面推了她一下，她掉到水裡。小花嚇壞了，拼命叫救命。就在小

花將要沉下去的時候，小貓一一游了過來，救起小花……

家境的好壞不能代表一個人的人品好壞，或是能力高低。如果僅憑家境就斷定一個人，便是自己膚淺的表現。

在學校，很多富裕家庭的孩子是不願意與窮孩子交朋友的，這就是所謂的歧視。他們覺得窮學生衣著寒酸、不愛乾淨，因此不喜歡和他們來往。

無論是在學校還是社會，窮與富總是存在著矛盾。據調查顯示，來自貧困家庭的學生大多這樣評價家庭富裕的同學：「衣來伸手，飯來張口」、「學習不努力，高傲自大」、「總是嘲笑家庭情況不好的同學」；而來自富裕家庭的學生則批評家庭貧困的同學「自卑」、「孤僻、內向」、「視野狹隘」等。無論來自貧困家庭還是富裕家庭，他們的自我評價一般都比較高。如貧困家庭學生大多認為自己「肯學、踏實、勤儉節約」等，而富裕家庭的學生則大多認為自己「樂觀開朗」、「活潑向上」等，要泯除這種同學之間的隔閡，首先要去瞭解自己的同學是什麼樣的人，而不單單從家境的好壞來判斷。

窮人，本質上也不想做窮人，可是他們暫時沒有能力改變自己的生活狀態。窮孩子的父母大多是因為沒有受到太好的教育，而無法找到較高收入的工作。孩子或許會問：那他們為什麼不去念書呢？他們當然想，可是高額的學費並不是所有人都能負擔。正因為窮孩子的父母意識到知識的重要性，因此才努力工作去給孩子掙學費，希望孩子可以學有所成，不用再過苦日子。窮孩子大多是勤奮的，他們每天和同學們一樣努力讀書，可是回到家卻不能好好複習，而是儘量抓緊時間去幫助父母分擔家務，所以有句俗話說：「窮人的孩子早當家。」

丹丹馬上就要過生日了，她念著要請哪些同學來家中過生日。這天，丹丹帶了幾位同學回家裡一起做作業，因為客廳比較大，大家就圍在客廳的桌子邊寫作業。丹丹的媽媽也為他們準備了點心、水果和飲料等。同學們環顧丹丹的家，大多露出羨慕的眼光。丹丹的這群朋友本身家境也不錯，可是丹丹的家境卻還是略勝一籌。這時候丹丹說道：「週六我要過生日了，到時請大家都來啊，還有一些同學，我也要請過來，像王明、李帥、曉虹他們。」這時候，有一位同學開口問道：「妳不請坐妳隔壁的黃丫過來嗎？」丹丹撇撇嘴說：「我才不要請她呢，她家那麼窮，衣服總是髒兮兮的，來了我還怕把我家弄髒呢。你們知道嗎，我常看到她的便當盒裡有頭髮，噁心死了。」

丹丹的媽媽聽到這番話，心裡不由得揪一下：孩子什麼時候這麼嫌貧愛富了？才高二的學生怎麼會變得那麼勢利？丹丹媽媽越想越不安。等丹丹的同學回去，媽媽問：「丹丹，剛才你們提到的黃丫不是妳同學嗎？怎麼妳好像不大喜歡她呢？」丹丹答：「對啊，我不想和窮孩子做朋友，她的衣服看上去總是不乾淨，一個星期來來去去都穿那兩件衣服……」丹丹媽媽沉默了，過一會兒她說道：「週六妳生日，必須給我把黃丫也請來，否則生日會就不辦了。」丹丹還想和媽媽爭辯，可是看到媽媽嚴厲的眼神，就不敢說話了。

同學們週六如約而至，黃丫也來了。丹丹媽媽很快發現，黃丫是一位很有禮貌的女孩子，很安靜，不喜歡吵鬧，而且在丹丹媽媽擺放水果和碗筷的時候，她都在一邊默默幫忙。等生日會結束後，丹丹開始坐在沙發上拆禮物，禮物的盒子上都寫著贈送人的名字。同學們出手都很大方，有送枱燈的，有送MP3的，有送鞋子和衣服的。等拆到黃丫那份禮物的時候，丹丹嫌棄地說道：「肯定是不值錢的東西。」可是打開後，卻讓丹丹眼前一亮，忍不住激動起來。那是一幅精緻的貼布工藝品，妙就妙在，上面的貼布畫是一位小女孩，那小女孩的神態和丹丹有九分相似。裡面還有一張手工做的賀卡，畫著一個卡通版的小姑娘，也是按著丹丹的模樣來畫的。

過幾天，丹丹心事沉重的回到家。原來下午放學後，丹丹去黃丫家玩。這才知道，黃丫的父母長年在外打工，只有一位眼睛失明的奶奶和她相依為命。黃丫帶到學校的飯盒，有時候是奶奶給她做的，因為眼睛看不見，所以常常有頭髮掉到飯盒……

孩子都是父母掌心中的寶，如果有條件，誰不想要自己的孩子過得好呢？可是有些同學的家庭條件不一樣，雖然家中條件不好，但是身上依然有許多值得欣賞的亮點。這些同學也許學習成績優秀，或是很愛幫助人，為人也不驕傲……他們的這些優點，是很值得學習的。

東漢時期的公孫穆非常熱愛學習，他的好學贏得眾人交口稱讚。

公孫穆讀了一些書後，還想進一步擴大知識，但是靠自學又覺得力不從心。那時候設有太學，太學的老師知識淵博、見識廣，公孫穆很想去那裡學習。可是上太學需要交一大筆學費，而公孫穆家很窮，出不起這筆錢。公孫穆想不出主意來，為此苦惱極了。

有個富商名叫吳祐，十分通情達理，對人總是很誠懇。有一次，他要招雇一批舂米的工人，派人把消息放了出去。公孫穆高興極了，心想這下可有機會賺錢交學費了！雖然給人舂米在當時被認為是低賤的工作，公孫穆卻顧不得這些，他打扮成做粗活的人就去應徵了。

一天，吳祐到舂米的地方巡視，他東瞧西看，最後在公孫穆身邊站住了。公孫穆正拼命舂米，幹得滿頭大汗，並沒有注意吳祐在旁邊。

吳祐覺得公孫穆動作不很熟練，體力也不怎麼好，不太像一個舂米工人，就問他：「你為什麼會到我這兒來工作呢？」公孫穆答道：「為了賺錢交學費。」吳祐道：「哦，原來你是個讀書人啊！怪不得看你斯斯文文的，不太像工人。別幹了，咱們倆聊聊！」

他倆談得十分投機，頗感相見恨晚，後來結成了莫逆之交。

吳祐並沒有因為貧富懸殊而看不起公孫穆，反而同他交上朋友。這種精神是很可貴的。

交朋友不應以貴賤、貧富為標準，更看重一個人的才識和品行。

家境不好沒有關係，心態要好，努力用自己的力量去改善生活，那就是強者。家境好的青少年也不要太過驕傲自大，你現在所擁有的一切全是你父母的，那是父輩們多年努力打拼換來的。屬於你自己的東西，還需要你自己動手去創造。記住，心態決定一切。

心靈透視鏡

生活在現實世界裡，不可避免地會出現收入差異，甚至懸殊極大，很明顯地，這些不同也會反映在我們的校園生活。社會人士可以自己過自己的生活，可是校園生活卻不一樣，一個班級可能會出現很富有的孩子和很貧困的孩子，他們每天朝夕相處，就會產生貧富矛盾。因此，同學之間首先考慮的不是對方家庭如何，而是彼此之間是不是有默契、是不是有共同的信念和理想追求。

第28堂課

名牌商品不如名牌心靈——讓孩子明白物質攀比是虛榮的表現

比較是一種普遍的社會現象，也是一種文化。青少年處於人生的成長期，他們在「比」中認知、在「比」中體驗、在「比」中反思、在「比」中成長。比較有正面的，也有負面的，而物質上的攀比則是虛榮的表現，這會造成青少年崇拜金錢，容易形成扭曲的人格。由於青少年正處在自我意識的快速發展時期，與別人比的過程也是張揚自我的過程，對於許多人來說，在攀比中能夠展示自己的能力與魅力，吸引更多同學的關注，這讓他們樂此不疲。

在一家小小的寵物店裡，有兩隻可愛卻是死對頭的寵物貓。

「我是雍容華貴的蘇格蘭折耳貓，有著迷人的王子氣質！嘿嘿！」折耳貓這樣向寵物店的其他小動物炫耀道。

「就你還王子氣質呢，耳朵都像殘疾一樣！我才是帥氣逼人，典型的玉樹臨風！」波斯貓不服氣道。

眼看著兩隻貓又要吵起來，這時候有一家人來選購寵物了。兩隻驕傲的貓都在心裡暗暗想著：「我一定要讓他們把我選走，我不想再待這鬼地方了！」

折耳貓抬頭挺胸地望著客人。波斯貓嘲笑說：「他們怎麼會喜歡自大又難看的貓。看看我帥氣的外表吧！他們喜歡的是我。」

想不到，那一家人毫不猶豫地走在他們面前，出手大方的將他們都買了回來。自從折耳和波斯貓到了新家後，天天快樂悠閒地過著日子，互相攀比，生活中樂趣不少。他們仗著主人的寵愛，打壞了家中不少東西。終於過了不久，主人帶回一隻體型高大的牧羊犬，折耳貓和波斯貓被嚇壞了，在家都不敢出聲，而忠心的牧羊犬得到了主人的疼愛。

要知道天外有天，自己從來都不會是最優秀的。

如今在校園中形成的攀比風氣越來越嚴重。不管是男生女生，都在攀比誰穿得時髦，誰用的手機款式最新，誰用的東西是進口的，誰經常去星巴克或是必勝客。這些學生只管大手大腳的花錢，以突顯自己的「優秀」和「與眾不同」，鄙棄勤儉節約。攀比物質享受是一種腐蝕劑，中學生還不是生產者，而是消費者，吃穿住用無不依仗別人，所以說中學生是在花別人的錢，享用別人的勞動果實。把自己的奢侈追求建立在家長辛勤勞動的基礎上，這對每個家庭來說都是一個沉重的負擔，所以青少年更要珍惜家長提供的各種條件。

小強這幾天一直在鬧彆扭，回到家不願意和父母說話，有時候連飯也不吃，直接就回房間睡覺。原來，小強是校足球隊員，班上也有幾名同學和他一樣是足球隊，因此常常放了學就在一起練球。正因為天天在一起，小強才發現，同學們穿的都是名牌鞋，不是 Nike 就是 Adidas；再望望自己腳上的鞋，卻僅僅是幾百塊錢的國產球鞋。

因此他向爸爸媽媽要一雙新款 Nike，可是當即就被拒絕了，這讓他很生氣，還為此和父母吵了起來。小強認為自己的父母就是小氣，連一雙好一點的鞋子都不買給他。而小強父母卻說，買給他的鞋雖然不是什麼大牌，可也是國內的知名品牌，而且品質和款式都不錯，才穿了三個月，鞋子也沒有壞，為什麼就要買新的呢？因為這樣，他們親子之間產生了分歧。

因為同學的一雙名牌鞋讓小強覺得不開心了，認為自己在這方面輸給同學，因此對名牌強烈的擁有欲望就爆發了。名牌鞋或許比一般的鞋子更美觀舒服一些，可是每個家庭的收入狀況都不同。孩子想要和其他同學攀比的時候，何不先給他來一個換拉思考法，瞭解自己的家庭收入，再給家裡做一個計畫表，看一下每個月扣除固定開支後，還有多少錢可以消費高檔品。那麼，相信孩子就不會總想著和同學去攀比了。

攀比是一種虛榮的表現，只有在精神方面比較空虛而自卑的人，才會想著在物質方面和別人去攀比。父母並不是吝嗇，捨不得那幾百塊買名牌的錢，而是不想要孩子養成這樣一個壞習慣。孩子應該在自己能力之內減輕父母的負擔，這樣才能鍛練自己，成為一個體貼的人。

攀比心理有正性攀比和負性攀比兩類。

正性攀比是具有積極意義的攀比，孩子可以在理性意識的驅使下產生競爭欲望，正當參與競爭，同時具備克服困難的動力。

負性攀比則相對消極，並帶有一定惰性，一味沉溺於攀比，缺乏對自身和周圍環境的理性分析，使得孩子因為攀比產生沈重的精神壓力，同時陷入思維的死胡同，否定自身價值。追求名牌就是負性攀比的明顯表現。

趁孩子的攀比心理不嚴重時，我們要找出導致孩子負性攀比心理的成因，有理有據地引導孩子走向正性攀比。有時孩子向我們要名牌，可能僅僅是因為他自信心不足，希望透過「名牌」彌補不足，也有孩子是性格敏感所致。當他們看到同學受老師表揚和大家喜愛時，認為自己不如別人，心理不平衡，試圖用「名牌」提升優越感。對這類孩子，我們要和老師多溝通，請老師和我們一起多表示認同，增強孩子的自信心、提升孩子的優越感，千萬不要強硬拒絕孩子的要求，加重孩子的負性攀比心理。

電視廣告和網路傳播對名牌的宣傳力度很大，有些家長本身也追名牌，用名牌來凸顯身分、地位和財富，這些都對孩子造成很大的影響。只有家長以身作則，平時合理消費，不鋪張浪費，引導孩子樹立「適合自己的才是最好」的觀念，方能從根本杜絕孩子產生負性攀比心理。

家長可以在日常生活中給孩子透露「家底」，讓孩子瞭解「家情」，在孩子出現追名牌的苗頭時，不妨讓孩子瞭解家庭的實際收入，平時去超市讓孩子幫忙選購食品和日常用品，如果貴了就讓孩子放回貨架，讓孩子瞭解家庭消費實力。

另外，平時和孩子聊天時，也要灌輸給孩子內在美比外在美更重要的觀念，讓孩子明白學生最重要的任務是讀書，不是攀比和消費。

心靈透視鏡

「名牌」已經成為許多中學生追求的目標，儘管很多學生的家境並不富裕，卻也要硬擠出錢去滿足孩子的攀比心理，這樣只會讓孩子變得世俗和虛榮。孩子們暗暗較勁的，其實並不是檔次不一的鞋子和書包，而是某些微妙的心理。要早點阻止孩子虛榮心的產生，就要做到不縱容孩子，這樣孩子才可以在健康單純的環境下成長。

第29堂課

尊重別人就是尊重自己——讓孩子懂得人格都是平等的

我們常說要尊重他人，可究竟什麼是尊重他人，如何尊重他人，其實很多時候我們做得都不夠好，或者說尚有欠缺。尊重是對他人發自內心的尊敬和重視的真誠情感，尊重就是設身處地的換位思考，青少年更應當尊重身邊的每一個人。

尊重每一個個體，無論是打掃的阿姨，還是做資源回收的老奶奶，或是看門的警衛。他們都是為社會做出貢獻的一份子，為社會創造了價值，都是不可或缺的一員，他們的存在有著自身的價值和意義。每個人都渴望被尊重，然而在希望得到尊重的同時，得試著先尊重他人；只有發自內心對他人的尊重，才能獲得相應的尊重。每天早上去上學的時候，對社區的保全說一聲叔叔早；到了學校，對看校門的守衛說一聲爺爺好。你很快會發現，每個人都發自內心的對你報以微笑。這種來自人與人之間的美妙微笑，是更多金錢與物質都換不來的。

蘭蘭是一位嬌氣的小公主，人長得漂亮，功課也不錯，從小就在大人與同學的簇擁下長大。一直到上了國二，自己的球鞋還是由媽媽洗的，真的就是所謂「十指不沾陽春水」，這於是養成了蘭蘭心高氣傲的性格。

蘭蘭家住在高級社區，每週末都會有一個做資源回收的老婦人在社區外等著收廢品。由於這社區管理很嚴格，老婦人無法直接進入社區，因此總是站在社區外等著從社區出來的人，詢問有沒有廢品要丟。除此之外，她還會在社區周圍的垃圾筒裡翻找一些有用的物品。蘭蘭一直很不喜歡這個老人，每次週末看到她，都會捂著鼻子遠遠地躲開。

這天是週六，蘭蘭中午和媽媽從外邊逛完街回來，剛要進社區門的時候，突然一個空的易開罐滾到她腳邊。她抬起腳正要踢走的時候，一隻手伸了過來，把易開罐撿了起來。蘭蘭抬頭一看，正是那位收廢品的老人。她立即捂住鼻子，皺著眉嚷道：「快走開，臭老太婆！」聽到這句話，老人身子微顫了一下，輕輕轉身就要離開。這一切都被蘭蘭的媽媽看在眼裡，她快步走了過來，一把拉過蘭蘭，大聲說道：「快去給老奶奶道歉！妳怎麼這麼沒禮貌，不會尊重人！」蘭蘭大聲說道：「有什麼了不起的，她不就是個撿破爛的嗎？憑什麼讓我道歉！」蘭蘭的媽媽生氣了：「妳呢？妳又有什麼了不起的？妳花的錢是妳自己掙來的嗎？包括妳今天買的衣服，哪一件不是媽媽掏錢買的？馬上去給老奶奶道歉！」老人看到蘭蘭和媽媽吵了起來，不好意思地走過來說道：「算了算了，沒事的，小孩子無心，不用道歉，妳們快回去吧。」蘭蘭的媽媽向老太太歉疚說道：「對不起啊，小孩子不聽話，我馬上讓她和妳道歉。」說完，轉過身再次大聲對蘭蘭說：「快道歉！」蘭蘭眼裡含著淚水，說道：「道歉就道歉，有什麼了不起的，我說對不起就是了——對不起！」說完，轉身就跑進社區。

蘭蘭的媽媽跟著回到家，心裡沉甸甸的。她以前一直以為女兒不過是比別的孩子嬌氣了一些，可是想不到，她居然狂妄到這個地步，不會尊重他人，成了蠻橫不講理的孩子。蘭蘭的媽媽為此心痛不已。吃晚飯的時候，母女兩個人都沉默不說話。蘭蘭的爸爸看出了不對勁，於是開口詢問。蘭蘭搶在媽媽之前開口：「爸，媽媽今天為了一個收破爛的，在社區門口大聲罵我，太讓我丟臉了！」接著就把今天的事情一五一十地說了出來。蘭蘭的媽媽聽完，接了一句：「妳怎麼沒講出重點？重點就是妳學不會尊重他人，罵那老奶奶臭老太婆，侮辱了別人！」爸爸用詢問的眼光看著蘭蘭，蘭蘭紅著臉低下頭。

蘭蘭的爸爸說：「今天媽媽的確做得不夠好，她是不應該當著那麼多人的面大聲責備妳。可是反過來想想，如果媽媽不這樣，妳會記住今天這件事嗎？爸爸對妳挺失望的，妳不但不反省自己的錯誤，還反過來責怪媽媽。妳學不會怎麼樣去尊重別人，又憑什麼叫媽媽或是別人來尊重妳呢？那位老奶奶雖然只是做資源回收，可是她完全靠自己的雙手在賺錢。蘭蘭，妳知道嗎，這位奶奶的丈夫原本是一位軍人，為了國家戰死在沙場。丈夫死後，她沒有再嫁，也無兒無女，國家要給她養老，她都拒絕了，她不想給國家添麻煩，只想靠自己的雙手賺錢養活自己。可是妳呢，妳是怎麼對待她的？爸爸和妳說了那麼多，希望妳好好想一想吧！」

這一個晚上，蘭蘭在床上輾轉反側睡不著覺，白天那位老奶奶受傷的眼神在她眼前飄過，還有爸爸說「我對妳挺失望」時那心涼的眼神、媽媽那失望的眼神，都讓她心裡很不安。她從來不知道自己是那麼的不懂事，因為自己任性不尊重人，而給他們帶來了傷害……

第二天星期日，蘭蘭一早趁父母不注意的時候，悄悄下了樓。蘭蘭的父母在陽臺上看到這樣一幕：蘭蘭對著老奶奶深深地鞠了一躬。

我們應該尊重每一個人：尊重工人給我們帶來工業產品；尊重農民給我們提供糧食；尊重老師給我們知識；尊重清潔工給我們整潔的環境；尊重殘疾人以永不屈服的精神去生活；尊重在炎炎烈日下做資源回收的老人，靠自己的雙手來生活……青少年學會尊重他人，同時也希望大人能給予青少年尊重，尊重永遠都是相互的。懂得尊重他人的孩子，臉上永遠都有著純真的笑容。

心靈透視鏡

每個人都渴望被尊重，那麼就要學會尊重他人，尤其要懂得尊重他人的人格，不要說帶攻擊性的話語。可以調侃說笑，但一定不能侮辱。你在侮辱他人的時候，只會讓人看到你醜惡的嘴臉，讓別人打心眼裡不再喜歡你，也許從那一刻起，你也就失去了別人的尊重。只有發自內心對他人的尊重，才能獲得相應的尊重。

第30堂課

是不是我不夠好——讓孩子明白理解需要相互溝通

美國的鄉村住著一位老先生，他有三個兒子，大兒子、二兒子都在城裡工作，只有小兒子和他生活在一起，他很依賴這個小兒子。

有一天，有個人找到老先生說：「尊敬的老人家，我想把你的小兒子帶到城裡去工作，給他找個女朋友，可以嗎？」

老先生說：「絕對不行，你滾出去吧！」

這個人又說：「如果我給你兒子找的女朋友、也就是你未來的兒媳婦，是洛克菲勒的女兒呢？」

老先生動心了。

這個人又去找美國石油大王洛克菲勒，對他說：「洛克菲勒先生，我想給你的女兒介紹個男朋友。」

洛克菲勒要他快滾出去。

這個人又說：「如果我給你女兒找的男朋友、也就是你未來的女婿，是世界銀行的副總裁呢？」

洛克菲勒同意了。

這個人又去找世界銀行總裁，對他說：「尊敬的總裁先生，你應該馬上任命一個副總裁！」

總裁先生說：「這裡這麼多副總裁，我為什麼還要任命一個副總裁呢？」

這個人說：「如果你任命的這個副總裁是洛克菲勒的女婿呢？」

總裁先生當然同意了。

雖然這個故事不盡真實，存在許多令人疑竇之處，但它在一定程度上體現了溝通的力量。這個故事告訴我們：溝通時，信心非常重要，只有心裡認定了這件事對雙方都有好處，才能獲得對方的配合；而且認定了這一點後，還要不屈不撓，不怕拒絕，直到取得最後的成功。溝通是很大的課題，非三言兩語可說清楚。下面，讓我們結合一個現實中的小故事，來看看溝通的技巧。

小玲從小就是一個乖孩子，有什麼事總喜歡馬上和媽媽一起分享。可隨著年齡漸長，她也開始有了屬於自己的秘密，不願意把太多心事和媽媽分享。小玲有寫日記的習慣，可是寫日記也成為一件苦惱的事，她很擔心父母看到自己的日記本，因此每天寫完日記，都會把日記本鎖到抽屜裡，不讓父母發現。

像小玲這個年齡的孩子都喜歡在網路上交朋友，小玲也不例外。她在網路認識一位臺北念大學的哥哥。小玲非常崇拜這位哥哥，覺得他可以到臺北去上大學很厲害，而且小玲不懂的事，他全都懂。在小玲眼裡，這位哥哥就是自己的偶像。這天小玲正打開E-mail，要給這位哥哥回信的時候，媽媽端著一碗甜湯進來了。小玲接過甜湯就要喝，這時候媽媽無意間看到電腦桌面上打開的E-mail。小玲發現媽媽盯著電腦，便迅速關掉了頁面。媽媽卻已經瞄到信中的部分內容，再加上小玲的這個反應，當即起了疑心。她認為小玲肯定是在網路認識了不良少年，說不定還和這個不良少年談起了「戀愛」，要不然為什麼不敢讓媽媽看那封信呢？神神秘秘的樣子，一定是藏著什麼小秘密。小玲對媽媽這無端的猜測非常生氣，她認為自己長大了，本來就應該有自己的空間和隱私。媽媽不分青紅皂白就這樣說自己，還侮辱了自己的朋友，真的很不講道理。於是母女倆就吵開了。

經過幾天的冷戰後，在爸爸的幫助下，小玲和媽媽進行了溝通。媽媽首先對小玲道歉，為自己不尊重孩子的隱私和朋友感到抱歉。小玲看到媽媽誠懇的樣子，就把整件事情的經過說了出來。原來，小玲和認識的這位哥哥，真的只是一般朋友關係。透過這位哥哥，小玲知道了臺北的各種文化和風情，這位哥哥更是幫助小玲解決很多困難。小玲還以這位哥哥為榜樣，要努力考上一所好大學……聽完小玲的話，媽媽終於放寬心。

經過溝通，小玲和媽媽都明白了，雙方的理解來自於良好的溝通。

人到了青春期，往往會把自己封閉起來，不輕易向其他人敞開自己的心扉。原本比較開朗的個性也逐漸變得孤僻，不大合群，不再像小時候那樣喜歡黏父母，和父母的關係開始變得冷漠起來。這正是因為與父母或是與同學之間缺少了溝通。只要放開心去和父母或是同學溝通，那麼原本很多不應該發生的誤解就會迎刃而解了。

現實生活中，由於種種原因，孩子身上普遍存在自我意識過強、唯我獨尊、唯我獨享等問題。他們總認為：家庭成員都應該依著我、善待我、保護我、關愛我；老師也應該知道我的存在、理解我的心情、尊重我的權利、公平合理地處理問題。所以在遭遇他人的誤解，尤其是不被尊重時，往往會受不了委屈，用怨言和哭泣來傾訴，用憤怒和對立來抗爭，甚至用翹課、轉學的方式來逃避。因此父母應該引導孩子積極與人溝通，說明事情的來龍去脈和是非曲直，消除他人的誤解，爭取相互理解與體諒。

進入青春期後，很多孩子開始抱怨：「為什麼我的父母就是不理解我呢？」可是大家卻忽略了一點：你在抱怨的同時，父母也在傷心難過。其實，追求獨立的意願並沒有錯，但是青春期的少年沒有能力去獨立，還是應該多多聽取父母的意見。如果認為父母的意見不大正確，也可以提出自己的個人見解，以此進行溝通，這樣就可以化解青少年與他人之間的衝突。畢竟，理解是從溝通而來。

心靈透視鏡

青少年到了一定年齡後，性格突然改變而逐漸孤僻，心理學上稱之為「青春期封閉心理」。這時候家長們要做到「換位思考，平等相處」，讓孩子感覺到他和父母之間是平等的，那麼他就會願意像對待朋友一樣向你敞開心扉了。因此，溝通應以民主的家庭教育方式為基礎，家長要尊重孩子的獨立人格，接納並體會孩子的感受及想法，像對待朋友那樣對待孩子，與孩子交流時鼓勵孩子表達，並注意傾聽孩子的意見。

第31堂課

別讓純真被蠱惑——教孩子防範別有用心的陌生人

在眾多傷害中，騙術最常見，也最容易讓孩子上當。社會新聞不知道出現過多少次，少男少女因為輕易相信別人的話而丟財喪命。也不記得有多少次，青少年因為純真而輕信他人，從此再也回不到原來的生活。生活是複雜多變的，而青少年是單純天真的，所以父母應該教導孩子瞭解騙術，從而保護自己，不要輕易相信陌生人。

騙子用各種各樣的手段獲得不義之財，騙術的伎倆也在不斷升級，有些簡直防不勝防。發生在生活中的案件五花八門、千奇百怪，有騙老鄉的、騙鄰居的、騙同學的、騙朋友的，甚至還會騙親人，這都是因為人們的虛榮心和私欲造成。惡徒利用人性的善良來滿足自己的貪念，尤其是青少年涉世不深，更容易上當受騙。

歸納起來，社會上的騙子無非就是騙財或是騙人。直接騙取青少年的財務，或者是拐賣人口，特別是少女，以及欺騙青少年幫助自己做一些違法的事。因此青少年要記住：不要接受陌生人請吃、請玩，一些歹徒會以請學生吃喝玩樂為手段，騙到偏僻處後強行拉上車，拐賣到外地去；不要跟陌生人遠離家門到陌生的地方，特別是有人邀請你去某地旅遊時，更要提高警覺；也不要輕信街頭巷尾的招才廣告，不要因為急著去打工而不顧一切的去應聘；離家出門前，要先和父母商量好，並留下自己和同行者的聯繫方法，更要牢記自己的家庭地址以及與父母的聯繫方式等等，萬一遇到不測的時候可想辦法聯繫。

丁丁的媽媽最近發現他總是神神秘秘，老把自己關在房間。問起他，他只說在認真複習準備基測。媽媽想想也對，丁丁馬上就要參加基測了，會緊張也是正常的。可是有一天媽媽在收拾丁丁的房間，從床底下翻出了三樣東西：一件是像W形狀的怪異塑膠管，一共有三個孔；一個是佛不像佛、觀音不像觀音的雕像，看上去品質很差；第三件則是一本書，封面寫著「考試必過方法大集錦」。丁丁媽媽翻看一下，發現都是一些教人冥想的內容，可是又有說不出的奇怪感覺，因為裡面的東西有點天馬行空。例如，有一章要人平躺在床上，想像一束太陽光慢慢射入額中，然後想像自己充滿了能量，末尾還說這樣有利於考試成績。

丁丁的媽媽疑惑極了，孩子怎麼會有這樣的東西呢？丁丁放學回到家，她忍不住開口問。丁丁聽了，哈哈大笑道：「媽，我本來還想給妳驚喜呢，卻先讓妳發現了。這三樣東西可以保證我一定考上重點高中呢！」說著，拿起那支W形狀的管演給媽媽看。他把其中一個孔對著自己的嘴，另兩個孔則對著兩隻耳朵，然後開始朗讀課文。接著把管子拿下來，對媽媽說道：「這樣子，我念的課本內容就能很快進入到我的腦子了！」丁丁媽媽目瞪口呆地看著他演示完畢，感到哭笑不得。接著，丁丁拿過那尊雕像說道：「這個是考試必過神，只要我放到床底下，那麼我基測就一定金榜提名！」再拿過那本書說道：「這本書很神，只要按照書裡的方法來做，考試就更加十拿九穩了。我現在三種都在使用，這是三保險呢！」說完得意地看著媽媽。媽媽無奈問道：「這些東西，你是從哪弄來的？」丁丁答道：「我那天等公車的時候，認識的一位好心叔叔把這三樣東西賣給我，還給我打了折。真的不騙妳，後來他要我介紹其他同學去和他買，都沒有我買的便宜。而且叔叔還說，這東西不是隨隨便便賣給別人的，只有我的好朋友才肯賣呢！」

聽完丁丁的一番敘述，剛剛一直想大笑的媽媽笑不出來了，她開始擔心。顯而易見，丁丁遇到的這位叔叔是一個騙子，所幸目前為止，他只是騙了丁丁和同學們的錢，可是要是發展下去，就不知道會發生什麼事了。丁丁媽媽想了一下，不動聲色的說：「丁丁，我覺得這三樣東西還真是挺不錯的，隔壁劉叔叔的女兒小麗不是也要考試了嗎？不如你明天帶小麗去買一套好嗎？」丁丁滿口答應了。

可是第二天，當小麗和那位叔叔交易的時候，劉叔叔突然衝出來，還帶著兩位叔叔，一起把那位好心叔叔扭送到派出所。事後，丁丁才知道，那兩位叔叔都是警員，媽媽早就和劉叔叔說好，並且報了警，只等著一起抓那位「好心叔叔」落網呢。

警員叔叔們也向丁丁說明事情的真相：原來這是個騙子，一直遊蕩做案，從這所學校騙到另一所學校，警員早就想抓他了。無奈騙子太狡猾，總是多番更換做案地點，這一次如果不是因為丁丁，還不知什麼時候才能抓到他呢。警員叔叔為此表揚了丁丁。可是丁丁卻很不開心，他覺得自己被騙了，自尊心很受傷害。媽媽對他說：「丁丁，如果不是你想不勞而獲，貪圖輕輕鬆鬆不用認真複習就考上重點高中，怎麼會上當受騙呢？對於你急著想考出好成績的心理，媽媽非常能理解，可是這要透過自己的努力來實現，而不是走旁門左道。記住了，以後不要輕易相信陌生人哦。」

其實，騙局雖然千變萬化，但是萬變不離其宗，那就是利用人們的貪念。孩子們只要學會拒絕天上掉餡餅的好事，就不容易上當受騙了。

心靈透視鏡

大部分人都希望不勞而獲，不僅單純的青少年如此，成年人也不例外。雖然有時候心中疑惑，可是看到有利在前，仍舊忍不住去試，豈不知正是這一試就著了騙子的道。總之，要在心理上建立起一道防禦騙子的防線，做事情千萬要三思而後行。當然也不能因噎廢食，因為害怕騙子就不願意去幫助有需要的陌生人。要多看新聞媒體報導的案例，日常多積累經驗，以善加明辨。

第32堂課

人生就像一盒巧克力，你永遠不知道下一塊會是什麼味道——教孩子正確應對各種意外事件

俗話說：「天有不測風雲，人有旦夕禍福。」孩子從小在家庭的溫暖中長大，不知人間疾苦，也不知人生處處充滿危險的道理，對於突發事件缺乏一般的應對能力。而青少年時期則是孩子掌握知識的關鍵階段，父母這時候就應該培養孩子在遇到突發事件時的應變意識。下面幾個例子，希望青少年和父母都能認真閱讀。

孩子總會有獨自在家的時候，因此首先要教孩子一個人遭遇意外時，要如何應對。平時更要熟記各種急救電話，以備後用。

一，遇到突發事故時，要先保持理智和冷靜，千萬不要手忙腳亂導致事故嚴重化。例如，遭遇人群騷亂，正確方法是儘快逃離人群；若已被捲入人群中，應雙手抱胸，兩肘朝外，以此姿勢來保護肺和心臟不遭擠壓。火災發生時切忌亂跑亂跳，統計顯示火災死亡中，窒息死亡遠遠超過燒傷死亡。應匍匐前進，從地面得到氧氣供應，則有希望逃離現場。

二，不能隨便玩火，不要拿火柴、打火機點著玩。用爐火或瓦斯要按操作規則使用，熱飯、

燒水要及時去看，怕忘記最好設定計時器。家裡應預備滅火器材如滅火器、滅火粉等，並教孩子學會使用。告訴孩子發現失火如何用正確方法滅火：及時關閉電源，同時打開門窗，呼喚鄰居、行人幫忙；如有電話，應迅速撥一一九報警。

三，家中淹水也會造成損失。淹水一般有兩種狀況，一是水龍頭損壞，一是水管破裂。教育孩子不能用堅硬的東西砸水管，告訴孩子家裡水源的總開關在哪裡，一旦發生淹水，先關閉總開關。如果轉不動，要趕快請鄰居幫忙，等父母回來再找人修理。對於稍大一些的孩子，父母應教給他們簡單修理水龍頭的方法，家中預備修理工具和小配件，這對培養孩子動手能力有好處。修不好就關閉總開關，等父母回來處理。

四，教孩子預防瓦斯中毒的常識，特別是使用爐火和瓦斯爐的方法。無論什麼季節，屋裡都要保持通風換氣。一個人在家感到不舒服時，趕快開門開窗，檢查爐火、瓦斯爐。及時請鄰居幫助查看，給父母打電話。

五，孩子單獨在家時，要把屋門、防盜門從裡反鎖，鑰匙放在固定位置。如果有人叫門，不可以輕易開門，一定要先問清楚是誰。

而孩子在外的時候，遇到突發事故的可能性就更高了，這時候該怎麼辦？又或者當自己的同伴遇到事故時，該怎麼辦呢？

游泳發生抽筋時，如果離岸很近，應立即浮出水面，到岸上加以按摩；如果離岸較遠，可以採取仰泳姿勢，仰浮在水面上，儘量對抽筋的肢體進行牽引、按摩，以求緩解。遇到水草，應以仰泳的姿勢從原路游回。萬一被水草纏住，不要亂甩亂蹬，應仰浮在水面上，一手划水，一手解開水草，然後仰泳從原路游回。游泳時陷入漩渦，可以吸氣後潛入水下，並用力向外游，待游出漩渦中心再浮出水面。

自己的同伴游泳遇到事故，如果確認自己的能力足以救助同伴，應當立即動手；如果自己沒有能力去救助同伴，則應該大聲呼救，以求得他人幫助。在搶救溺水同伴時，應當從後面抱住對方，不得已時可將其打暈再營救，以防溺水者因為太過驚慌而把自己也拖到水中。把人救上岸後，快速撬開溺水者的口腔，清除其口鼻中的泥沙、雜草及分泌物，使其保持呼吸道通暢，並將其舌頭拉出，以免堵塞呼吸道。然後將溺水者腹部墊高，胸部及頭部下垂，或抱其雙腿，將其腹部放在急救者肩上來回走動或跳動。把溺水者平放在平地上，解開其衣扣和腰帶，如發現其沒有呼吸和脈搏，應立即進行口對口人工呼吸和胸外心臟按摩，注意心臟按摩與人工呼吸的比例為四比一。應注意為其保暖。另外，在救治的同時，要叫旁邊其他人幫忙撥打急救電話。

以上僅僅列出一些常見的突發事故，希望青少年和家長平時多普及相關知識，以防止意外發生。

曾經有這樣一件案例。那是一個暑假，父母都去上班了，小明和幾位好朋友決定一起去游泳。一行人到了湖邊，小明和小剛就先下水，其他幾位朋友去附近商店買點飲料。小明很會游泳，玩得十分高興。小剛則是剛學會游泳不久，本來只是在靠近岸邊的地方玩，可是看到小明玩得那麼高興，忍不住也往湖中心游去。游著游著腳一抽筋，嗆了幾口水，一慌張，整個人就往水底沉去。小明見勢不妙，趕緊游過來搶救。他從水裡拖出小剛，可是一下子就被亂踢亂打的小剛給絆住了，隨著力氣漸漸流失，小明反而被小剛拽著往下沉。這時候朋友們都趕過來了，一會兒就把兩人給撈上來。可是兩人已經昏迷不醒，大家都不知道該怎麼辦。後來才有人想起要用人工呼吸和「倒水」方法救人，折騰了半天，小明慢慢醒了過來，可是小剛卻永遠也醒不了……

如果小明和他的朋友們有一點安全急救常識，就不會有這樣的結果。由此可見，培養孩子掌握一些急救護理常識是多麼的重要。建議家長們，利用日常生活中的一些「小意外」來鍛鍊孩子應對突發事故的應變能力。孩子除了學習之外，更要多看一些與安全有關的知識，防患於未然。

心靈透視鏡

很多父母把青少年視為讀書工具，不想讓自己的孩子接觸太多事情，可以安安心心把書念好，因此從來不去考慮給孩子其他方面的教育和輔導。可若是生命出了意外，那麼讀再好的書又有何用呢？讓孩子從現在做起，多多提高自我保護意識吧。

第 33 堂課

不做快樂生活的終結者——教孩子樂觀面對人生的不如意

悲觀不是天生的，也不是不可克服的，只要自己用心，悲觀不但可以減輕，還能轉變成一種樂觀的態度。電影《功夫熊貓》裡的烏龜大師說：「消息只是消息而已，沒有好壞之分。」那麼命運也只是命運，沒有悲喜之說。命運順著我們本有的特質流進來，無論我們歡迎不歡迎，都是適合自己的，最終都會到來。我們說的「悲劇」、壞事，有哪些是被自己的潛意識期待著的，你知道嗎？

青少年也有自己的悲觀心態，考試失利了、沒得到同學們的認可、受到老師的批評等等，都讓人終日悶悶不樂，一面對未來悲觀絕望，一面又對以往的過錯悔恨不已，久久不能從這樣的情緒裡走出來。

子馨最近總是有心事，覺得自己有種說不出的難受。白天上課的時候恍恍惚惚，下了課也是一點力氣也沒有，因此脾氣特別暴躁，動不動就和同學們不和。

為什麼一向樂觀的子馨突然像變了一個人似的呢？原來，她從小學到國中一直都是學校出了名的優秀學生，再加上樂觀的性格，很受老師和同學們喜愛。平時上課的時候，老師經常點名表揚自己，自己的作文總是被當成範例在整個年級傳閱。她還是社區裡的「小名人」，很多家長都拿她作為自家孩子的榜樣。

一直以來，子馨不是班長就是副班長。那時候的子馨認為自己永遠不會輸，就是最棒的那一個。可以說，她是在一個充滿光環的環境裡長大的。可是自從進了這所重點高中後，一切都變了。這個學校聚集了附近城鎮幾所國中裡最優秀的學生，她不再是最出色的那一位。剛開學的時候，班上要選班幹部，子馨也自告奮勇去參選了，可結果是，投自己票的同學用五根手指頭就能數得出來。接下來的考試，自己也只拿到中上的成績，不再名列前矛。老師也不是以前那些寵愛自己的老師，常常直接在課堂上就指出她的錯誤。而自己參加學校的朗讀比賽，也沒有替班上拿到名次，這讓子馨覺得很對不起班級。這種種事情開始讓子馨變得悲觀失望，她覺得自己現在是一個很差勁的人，只要是自己參與的事情就一定會失敗。因此，原本樂觀的子馨開始把自己鎖在一個小圈圈裡，不肯走出來面對挑戰。

子馨認為自己現在變笨了，沒有以前那麼聰明，所以不願意再參加任何活動，因為自己總想到不好的一面。子馨到了一個陌生的環境，而這個陌生環境裡又集結了附近所有城鎮功課最優秀的學生，面對的競爭對手多了，自然而然失敗的機會也就大了。高中課程又比國中多了很多，顯然子馨一下子還不能適應來自多門功課的壓力。因此，隨著這兩種外來壓力的到來，子馨自己的心理壓力也增大，在參加其他活動時，不能放鬆心情投入參與，自然也就拿不到好成績了。

在悲觀者心中，現實或多或少地被醜化。很多青少年對未來和生活往往持有一種悲觀的迷茫心理，對自己的過去一概否定，心中充滿了自責與痛苦，有說不完的遺憾；對未來缺乏信心，一片迷茫，以為自己一無是處，什麼事都幹不好，認知上否定自己的優勢與能力，無限放大自己的缺陷。悲觀的心態往往來自於對環境駕馭的一種挫折感。

其實，很多悲觀的結局都是被自己潛意識的期待牽引而來。由於自己悲觀失望，事情還未明朗，自己就往壞的方面去想，接著就放棄努力，不去爭取好的結果，那麼可想而知，悲觀的結果就這樣出現了。

要消除自身的悲觀心理，就不能太挑剔自己和他人。要記住，世界上沒有完美的人和事。另外，要換個角度來思考問題，想著自己為什麼會失敗、怎麼去扭轉這個失敗的局面，而不是沉浸在「結果一定很壞」的想像中。要轉變悲觀的心態，更要善於發現自己的優點，不管多麼嚴峻的形勢向你逼來，都要努力去尋求有利的因素。不久，你就會發現自己還有一些小成功，也不至於悲觀了。

心靈透視鏡

人在現實生活中不可能事事如意，也不可能完全避免挫折。當其他人遇到挫折的時候，我們總能舉出大小事例去幫助他們化解悲觀心理；可是當惡運臨到自己的時候，卻深陷其中不可自拔。青少年如果遇到不順心的事情，千萬不要悲觀失望。父母應該積極採取疏導的方法，尋找適合孩子發洩與解決的方式。讓他們振作精神為自己充實起來，儘快走出挫折的困擾。

第34堂課

即使全世界都拋棄了你，家依舊是你溫暖的港灣——告訴孩子離家出走不能解決任何問題

一項調查顯示，三十四％的受訪中學生說，「有時因功課太多而忍不住想哭」；五十八％的學生說，「學習成績下降，老師會嫌棄」；七十五％的學生說，「父母對上學期的成績不滿意」。面對來自老師和父母的雙重壓力，三十五％的學生坦言「做中學生很累」，四十一％的學生說「有點累」，更驚人的是，五分之一的學生有過「不想讀書想自殺」的念頭。當這些想法產生的次數越來越多，孩子不知如何解決，只能選擇逃避。

他們可能藉由離家出走來逃避問題，或是達成某種目的。

葉子自從上高中後，就覺得學習壓力越來越大。父母為了鼓勵她，和她達成一項協議。只要她期末考試進班上前五名，暑假就帶她出國旅遊。為此，葉子高興了很久，並以此為目標用功讀書。

經過一番努力，這次期末考試，她考了全班第三名。她拿著成績單，歡天喜地的回家報喜訊。爸爸媽媽也一口同意了實現自己的諾言，過幾天就訂飛機票帶女兒出國玩。這可把葉

子樂壞了，早早就把出國的行李打包好，還打算到國外要給同學們寄明信片呢。可是一個星期都過去了，爸爸媽媽那邊沒有動靜。葉子催了父母好幾次，依舊沒有動靜。這天晚上，葉子再次催促父母的時候，媽媽終於忍不住發火了，她大嚷道：「妳就知道玩，難道不能再等幾天嗎？」葉子也很生氣，回嘴道：「是你們自己答應我的，現在又說話不算數，你們算什麼大人啊！」葉子的媽媽看葉子居然敢這樣大聲回嘴，更加生氣了：「我每天這樣辛辛苦苦賺錢養妳，就是讓妳和我頂嘴的嗎？妳馬上給我滾出門外去，罰站一個小時再給我回來！」就這樣，第二天，葉子趁父母去上班的時候，收拾行李離家出走了。

為了尋找葉子，爸爸媽媽和親戚朋友在社區和各個街道尋了又尋。葉子的媽媽後悔得大哭起來。他們從白天找到晚上，從各個商場找到了火車站、飛機場……葉子的媽媽更是在急著穿越馬路時，幾乎讓飛馳而過的車給撞到……最後，他們在葉子一位同學的家中找到她。

想要解決事情，就要找對策，而不是「出走」。把事情拿出來大家一起分析，商討出最有效的解決方案才是明智的做法。

葉子的媽媽固然不對，明明承諾的事情不能兌現，卻還要責怪葉子，但葉子這種不成熟的行為很可能會造成嚴重後果。父母與孩子之間是需要溝通的，孩子還未成年，對社會認識很淺，需要父母的時刻關注和指導，因此有必要建立親密無間的親子關係。孩子不應該受了一點委屈就鬧離家出走。「離家出走」也許是舒緩壓力的方法之一，卻不是唯一、也並不是正確的方法。青少年對壓力採取迴避行為，以為這樣就能達到自己的某些目的，殊不知完全是在害人害己。

「孩子離家出走了！」對於家長來說，這可是天大的事。那麼，是什麼促使孩子選擇了離家出走呢？據分析，離家出走的孩子，大致分為三種。第一種是為了逃避學習的壓力而出走。孩子們的想法很單純，只是希望遠離老師的看管、父母的嘮叨。但實際上他們內心很明白，在外面他們什麼也做不了，可是來自學習的壓力還是讓他們選擇了暫時逃離這個環境。第二種是為了逃避來自父母的懲罰而出走。比如有些孩子拿到成績單，一看離自己父母的要求還差很遠，由此想到上次考不好時父母的懲罰，一害怕就選擇了出走；或是晚上和同學們玩得太晚，錯過了父母規定的回家時間，因害怕懲罰而選擇出走。第三種是因為負氣而出走。例如被父母誤解了，或是父母沒有滿足自己的要求。這往往是因為有些父母對孩子先嬌縱，後嚴厲，結果孩子聽不得批評，大人一說就負氣出走；或平時總是盡可能滿足自己心肝寶貝提出的要求，萬一突然不能滿足了，孩子立即就負氣離家。

以下是一位十三歲女孩出走後寫下的日記，希望青少年看後有所警惕。

二〇〇八年四月七日晚七：二九，天氣陰，地點：火車站旁的旅店。

我不知道奶奶和爺爺、小妹怎麼樣了。我有點想他們了。我覺得在這裡無依無靠，感到特別害怕。現在，住在旅店特別害怕，好想回家，可又不敢回家。

我希望能找到爸爸，但不知道爸爸在哪個工地。希望老天助我一臂之力，讓我明天能找到爸爸……

二〇〇八年四月八日早晨五：五五—六：〇五，星期二，地點（同上）。

這是我出走的第三天，一直沒找到工作……昨晚睡得還行，就是太想家了……誰願意收留我都好，但是沒有人搭理我……

我連原來的路都找不到了……現在手上只剩五塊錢。實在太累了，好想找一個地方休息，可是無處可去……

星期六……我又來到中心廣場。這是第二次來……

後來，她已經沒有心情再寫日記了，「我感覺要被世界拋棄了……我要告訴全世界的孩子，不管怎樣也不該偷偷跑出來……」

心靈透視鏡

離家出走對於青少年而言很危險，有可能受到侵害或是不良誘惑而犯罪。當然，對於大多數離家出走的青少年來說，更嚴重的是心理上的傷害和學習成績的下降。出走只會讓自己變得消極，影響正常的人格發展。因此當孩子感到挫折和失敗的時候，應該選擇去向自己的朋友或是父母傾訴和溝通，找到有效的解決方法。

第35堂課

讓孩子優秀的奧秘在於堅信孩子「你可以」——信任是父母對孩子最好的肯定和激勵

家庭是孩子的第一所學校，父母則是孩子的第一任老師，父母的言行舉止會給孩子帶來莫大的作用。例如，孩子害怕的時候，你可以告訴他們不要害怕，他是最棒的；當孩子做錯事的時候，不要急著去懲罰他、教訓他，而是鼓勵他重新去做好這件事。哲人詹姆士說過：「人類本質中最殷切的渴望是被肯定。」賞識、讚揚、鼓勵正是肯定一個人的具體表現，是幫助孩子樹立自信心所必需，也會是孩子成長的堅強後盾。

好孩子都是被激勵出來的。放大孩子的「亮點」，就要對孩子的出色表現及時予以表揚，讓他感到自己是有優點和大有希望的。

接下來要談的是信任。家庭是一個小集體，這個集體中的個體需要相互信任，集體才會和諧成長。信任你的孩子，你的孩子才會信任你。在家庭教育中，父母的信任可使孩子感到他們與父母處於平等地位，從而對父母更加尊重和敬愛，更加親近和服從，更樂於將心裡話向父母傾訴。這既增進了父母對子女內心世界的瞭解，又使父母糾正孩子不良行為時有憑有據，獲得更好的效果。

海霞一直到上了國二都不曾自己出過遠門，每年寒暑假，爸爸媽媽都會親自把她送到鄉下的奶奶家住一段時間。從國一開始，海霞要求自己買火車票去奶奶家，可是爸爸媽媽都以「一個小女生獨自出門不安全」為由給拒絕了。在爸媽的心目中，海霞年紀小，沒有辦法獨自出門。可是海霞卻不這麼想，自從上國中後，海霞感覺自己一天天的長大，理應為家庭分擔點什麼。因此不光是獨自去奶奶家這件事，平時爸爸媽媽商量事情的時候，自己總會提出一些意見。可是父母根本就不信任她，同樣的意見如果換成是別人說，父母一定會欣然接受；可是換成自己時，卻恰恰相反。總而言之，父母對她的一言一行都非常不放心。

今年的暑假很快就到了，海霞早早期待著父母送自己到奶奶家去。可是父母的公司臨時出了一點事，他們的假期全都暫時取消；也就是說，他們在短期內是無法陪著海霞出遠門了。晚上，海霞在飯桌上認真對爸爸媽媽說：「爸，媽，過兩天我想自己去奶奶家。」海霞的話一出口，父母馬上就反對。海霞接著說道：「爸，媽，我不小了，今年都上國二了，平時不管我做什麼，你們都不信任，從來不支持我去做一些力所能及的事。可是你們不放手讓我去做，那我什麼時候才能真正的長大呢？難道等將來我到外地去念大學，你們也陪著我一起去嗎？」海霞的父母面面相覷，正想開口說話，海霞又說道：「爸，媽，我知道你們是怕我出什麼意外，可是我向你們保證，我一定會非常小心，路上不和陌生人說話，一到奶奶家就馬上給你們打電話報平安。爸媽，我需要你們的支援和鼓勵！」海霞的爸媽聽完孩子一番掏心掏肺的話，同意了孩子的請求。

第二天，海霞就獨自一個人去買了火車票。當她拿著火車票進門的時候，臉上的興奮勁就別提了。買的是第二天一早出發的火車票，父母晚上千叮萬囑，什麼不要和陌生人說話、有困難馬上就找員警、有什麼事立刻打電話回家等等，就是不放心女兒。第二天海霞上了火車，他們還是不安心，上班心神不寧。終於接到女兒的電話，得知她安全到了奶奶家，海霞父母懸著的一顆心才放了下來。

經過這次「獨自出遠門」事件，海霞的父母知道了，孩子是需要他們的信任和鼓勵的。孩子很想獨自去承擔一些事，那麼父母就要給予一定的支援。從那以後，海霞經常受邀參加父母召開的家庭會議，也可以為家裡的大小事情出謀獻策了。

要鼓勵孩子大膽向父母說出自己的想法，讓他們把自己想要做的事情說出來，與父母擬出一個安全而又可行的方案後再實行。這樣孩子既得到了父母的支援，也如願完成了自己想要做的事。

讓孩子聽話的奧秘在於堅信孩子「你可以」。每個孩子心靈深處最強烈的需求，就是渴望受到賞識和肯定。家長要始終給孩子前進的信心和力量，一次不經意的表揚、一個小小的鼓勵，都會讓孩子激動好長時間，甚至改變整個精神面貌。父母應該不時的給予孩子鼓勵和信任，支持孩子去做一件事。這不光是嘴上對孩子有信心，更要表現在行動上。尤其是那些不聽話的孩子，家長更要特別注意。如果家長對孩子有足夠的信任，孩子就會充滿自信，積極主動地進行自我調整，把叛逆轉化為上進的信念。

心靈透視鏡

教育史上有一個著名的「暗含期待效應」實驗，其實質就是「信任孩子」。這實驗被廣泛運用於現代教育中，從對孩子的信任出發，培養孩子的積極性，讓孩子在別人的鼓勵和信任中不斷地改掉各種不良行為。對孩子信任，做孩子的朋友，能夠激發孩子內心的動力，讓孩子體會到成功的快樂和失敗的快樂。孩子會在父母充滿信任和關愛的目光與話語中，變得聽話、自信，以更加昂揚的姿態面對自己的人生。

第 36 堂課

愛笑的人，運氣都不會太差——教孩子學會微笑面對挫折

一九九八年七月二十一日晚，在紐約友好運動會上意外受傷之後，默默無聞的十七歲中國大陸體操隊隊員桑蘭成了全世界最受關注的人。

這確實是個意外。當時桑蘭正在進行跳馬比賽的賽前熱身，在她起跳的那一瞬間，外隊一名教練「馬」前探頭干擾了她，導致她動作變形，從高空栽到地上，而且是頭先著地。

這個笑容甜美的姑娘來自浙江寧波，一九九三年進入國家隊。個性溫順的她在遭受如此重大的變故後卻表現出難得的堅毅。她的主治醫生說：「桑蘭表現得非常勇敢，她從未抱怨什麼，對她，我能找到表達的詞就是『勇氣』。」就算是知道自己再也站不起來，她也絕不後悔練體操，她說：「我對自己有信心，我永遠不會放棄希望。」

因為她的堅強、樂觀，美國院方稱她為「偉大的中國人民光輝形象」，而那麼多美國人去看她，並不只是因為她受了傷，而是為她的精神所感染。

美國總統柯林頓、前總統卡特和雷根都曾給桑蘭寫過信，讚揚她面對悲劇時表現出來的

勇氣。桑蘭與「超人」會面的經過，在美國ABC電視臺播出，這個電視臺五十年來只採訪過兩位中國人，一個是鄧小平，一個是桑蘭。桑蘭還如願以償地見到了自己的偶像里奧納多·迪卡皮歐和席琳·迪翁。她的監護人說：「她太可愛了，我們這些在她身邊的人都願意去幫助她……」

當一個灰心喪氣的孩子感到安全時，他會開始發脾氣，這其實是開始了自然的康復過程。當孩子思維鑽入牛角尖，想事情就很容易偏激，一是過於絕對化，缺乏思想彈性；二是容易以一時一事的結果來評價自己或他人，甚至否定自己或他人的整體價值；三是放大事情的嚴重性，對事情的後果想得過分嚴重、可怕。

誰都有沮喪的時候，孩子沮喪時，可以試著讓他敞開心扉，描述事情的經過，鼓勵他往樂觀自信的方向發展。孩子遇到棘手的問題時，陪伴他商量出解決事情的辦法，從而走出沮喪的情緒。從小就要培養孩子樂觀的精神態度，千萬不要總說一些洩氣話影響孩子的情緒。

「我最近怎麼那麼倒霉，做什麼事情都不順利。昨天上物理課，老師列在黑板上的題目，我居然都不會。我連這麼簡單的題目都完成不了，考試該怎麼辦呢？我都不敢想像將來了。還有女子八百米跑步考試，我也不及格，老師說下節課要補考，可我一點信心也沒有……」

小米坐在沙發上，垂頭喪氣的向父母傾吐心事，臉上充滿著沮喪。

小米的父母教給她一個方法，就是把一張紙分成A、B兩欄，A欄列出自己有信心通過的科目與優點，B欄則列出自己沒有信心的科目與缺點。半個小時後，小米的父母會過來和她一起分析情況。小米雖然弄不明白父母想幹什麼，可是覺得這個提議挺好玩的，就坐在書桌前開始寫。她想：「我的國文和英語成績向來數一數二，肯定沒有問題。這樣算下來，自己的歷史成績也還行，不能算最優秀，但總還過得去。化學成績也不錯，從來沒有低於八十分。所以，國文、英語、歷史、化學都可以放到A欄。可是一提到數學和物理，自己就很頭疼了，因此要列到B欄去。我的優點是樂於幫助別人，性格也比較開朗，為人不驕傲；缺點是平時不喜歡運動，所以體育不好，而且遇到一點點小挫折就想放棄……」等小米列完這些，父母也進來了。

他們拿起小米列得滿滿的紙，開始和小米分析起來。首先，從上面可以看出，小米的成績還是算不錯的，有把握的科目顯然多於沒有把握的科目，而且她學文科，所以學測勝算應該滿大的。至於優點和缺點並存，每個人都是一樣的。而小米最好的一點就是善於發現自己的缺點，只要知道自己的缺點在哪，就可以改正。分析完後，爸爸對小米說：「小米，妳最近很沮喪，爸爸也看出來了。那是因為妳遇到挫折，所以感覺悲觀和失望，覺得自己的前途一片茫然。可是今天從這張紙上，妳也看出來了，妳自己的長處還是很多的。妳要做的就是如何保持自己的長處，並努力改進自己的短處。只要努力過了，還怕沒有進步嗎？這僅僅是一些小挫折，將來步入社會，遇到的挫折只會更多、更困難。現在妳就這樣了，將來怎麼辦？我們應該學會微笑面對挫折，只要自己充滿信心，就一定能打敗挫折的！」接著，父母和小米一起列了一個計畫，體育補考前每天在社區跑步半小時，增強自己的體力和意志力。另外，小米也向物理小老師請教自己不會的物理題。

無論體育補考能不能過，小米都已經擺脫了沮喪的情緒，並且學會微笑面對困難，用自己的行動去克服來自生活和學習上的挫折。

青少年時期是人一生中學習時間最集中、學習最關鍵、也最艱難的時期。這一時期有很多新問題、新情況需要去面對、去適應。諸如課業的增多、學習內容的變化等等，因此需要有好的心態去面對一切，不斷調整自己的學習方法，提高自己的學習能力與應對挫折的勇氣。唯有增強自己的心理調適能力，才能有效的進步。

心靈透視鏡

心理學家將十三、十四歲和十七、十八歲的青少年看做兩次「心理斷乳」期，而兩次心理斷乳的結果是青少年愈加走向「獨立」。這一階段的孩子，個性還不穩定，獨立傾向與依賴性共存，讓他們的內心極為敏感、動盪、熱情、衝動。從社會成熟性來看，他們往往情緒不穩定，一旦碰到不順利就會手足無措，心情沮喪。這個時候父母可以適當的給予孩子激勵，幫助孩子儘快成長起來。

第四章

在這個殘酷的世界裡溫情地活著——

挫折教育能夠使孩子更好地適應現代社會

第 37 堂課

假如生活欺騙了你——教孩子樹立正確的人生觀和價值觀

人生觀是對人生價值、目的、道路等觀點的總和，是對人生的根本看法。價值觀是人生觀的一部分，是指政治導向、道德觀念、人生意義、思想追求等。青少年時期是人生觀和價值觀形成的關鍵時期，而建立正確的人生觀和價值取向，對人格的發展很重要。

文明社會進步的同時，也誘發了一些扭曲的觀念。例如，當今很多青少年崇尚拜金主義，失去「自強」、「自尊」、「自愛」、「自立」的良好品德。他們只講實惠，不求進取；只講得到，不願付出。有的青少年甚至因為經不住誘惑，為貪圖享受而走上犯罪的道路。他們缺乏人文關懷，社會責任感淡漠；生活上貪圖享樂，追求高消費。青少年應該樹立自己正確的人生觀和價值觀，有了遠大的理想抱負後，才能夠追求更美好的人生，體現人生價值，為自己和他人服務。

沒有健康的人生觀和價值觀或許能夠成功一時，但不會持久。很多例子顯示，那些投機取巧而致富的商人，常常在不久後全部敗光，又得重新來過。

有一個流傳很廣的故事是這樣說的。一位記者到某貧困地區採訪，碰到一個放牛的孩子，問他：「你每天放牛是為了什麼？」答：「為了討個媳婦。」問：「討媳婦為了什麼？」答：「生小娃娃。」問：「生小娃娃幹什麼？」答：「放牛。」我們不能否定這位放牛小孩的人生價值觀，但顯然不思進取而缺乏挑戰性。

而在樹立正確人生觀和價值觀之前，我們首先得明白自己想要什麼？應該怎麼得到自己想要的一切。從我們開始獨立行走的那一刻起，就必須為自己的行為負責。在步入大學之前的十多年讀書生涯，算不得太長也算不得太短，過的是兩點一線的生活，每天圍繞著學校和家打轉，雖然不至於遭遇什麼大風大浪，卻也真實記錄了自己的人生經歷。這個時候也正是我們價值觀形成的時期，有的人認同不勞而獲，有的人為了自己想要的東西不擇手段，有些人知道一定得透過正當的努力才會開心獲得。

高中畢業前，高三（三）班開了一次很有意思的班會。班導師讓每個人說出自己對人生觀和價值觀的看法，並說出自己以後最想做的一件事。有同學認為，人生觀就是自己的事情，和其他人無關，只要把自己的事情做好就對了；有同學則認為，自己沒什麼本事，平平凡凡過一生就好，別的都無所謂；另一部分同學認為，自己的能力高於大部分同學，所以必定要創造一番偉大的成就才能實現人生價值；也有一些同學認為，以後要為自己的物質追求而打拼，要吃好的用好的穿好的；部分同學說，在大學學什麼無所謂，只要畢業後能找到一份穩定的工作就好；而熱愛體育的同學，到了大學要進入校隊，畢業後做一名體育老師；有想在音樂界發展的，也有想在商業界發展的，總之五花八門，應有盡有。這讓老師挺欣慰，先不論同學們的人生觀是否正確，但他們都確立了自己的目標，只要有目標就會為之而奮鬥。

經過這次班會，看出了高三（三）班同學存在著三類偏差的人生觀。一類是與世無爭型。他們對人生、對社會抱著較為悲觀的態度，對生活失去信心，於是在學習上高呼「六十分萬歲」，在生活上抱著得過且過的心態，沒有時間觀和紀律觀，對人對事都漠不關心，也就是「什麼都無所謂」。第二類是享樂自私型。抱定「人為財死，鳥為食亡」的觀點而生活，沉緬於物質追求，在上面消耗大量時間和精力，而無暇追求人生的大志。第三類是唯我獨尊型。覺得自己什麼都是最棒、最了不起，自認才高八斗而輕視他人，自我意識極度膨脹且嫉賢妒能，其他人都被他認為是笨蛋。然而在這個社會上，不借助他人、不依靠社會，個人成功的機會微乎其微。以上都是不可取的。

那麼，要如何樹立正確的人生觀和價值觀呢？首先，要把物質追求與精神追求統合起來。只講物質不講精神的價值觀是狹隘而無益的；而只講精神不講物質的追求又會妨礙社會的發展，遏制了自身的創造性和積極性。其次要堅定自己的理想信念，在利益面前不要做損人利己的事情。再來就是要把實現自身價值與無私奉獻統合起來，不要只想著索取而不思奉獻。我們生活在社會這個大家庭中，是有自己的義務和權利的，個人永遠不可能獨立於這個世界上，因此要拋開自私自利的想法，腳踏實地的學習和生活。

要讓孩子懂得珍惜分分秒秒，從平凡的小事做起。有的人對未來充滿美好的憧憬，也想成就一番事業，但卻不思學習，而是會朋友、泡酒吧、玩手遊，讓寶貴的時間白白浪費掉。像這樣「少壯不努力」，到頭來只能「老大徒傷悲」。從現在開始刻苦學習，努力為自己的將來而打拼，用一個個充實的「現在」，紮紮實實地向理想未來邁進。

心靈透視鏡

樹立正確的人生觀和價值觀，將有助於孩子在現今的學生生涯和將來的生活中正確定位，以更積極平和的心態努力學習，以飽滿的熱情投入每一天，為自己的將來做好準備。只要確立自己的人生觀和價值觀，那麼在面對挫折的時候就不怕困難，能夠拿出勇氣來戰勝一切。

第 38 堂課

我是一隻膽小的刺蝟——孩子不擅交際是性格造成的嗎？

我們偶爾會看到患有自閉症的孩子，他們時刻活在自己的世界裡，對周圍沒有交流的欲望。他們表達情感和情緒的方法也很簡單，不是哭鬧，就是自己蹲在一旁一言不發，或是莫名的摔東西。父母卻一點也猜不到孩子的心思，而孩子也越來越不快樂，到後來不得不找心理專家解決問題。

造成孩子產生自閉的不良心理主要有幾個原因，一是自卑。現代社會的交流與地域限制，出現了發展不平衡的現象。城市的孩子在日常交際往往會更自信、更順利一些；而鄉村的孩子則表現得木訥和不擅交流一些，正是因為生活環境和家庭背景不同，在某些方面產生了差異，導致不敢、甚至刻意迴避交際的情況，這是自卑導致的結果。第二個是自負，與第一種情況相反，這種思想的青少年大多是獨生子女，家庭條件也不錯，因為自我意識過於強烈，凡事以自己為中心，要大家都圍著自己轉，不會顧及他人的感受。他們在家裡的時候，長輩都會讓著自己，但是在學校，同學彼此間處於平等地位，用這樣的態度和同學相處就會碰釘子。多次碰壁以後，這類孩子選擇了不再與同學們來往。第三個是嫉妒。西班牙著名作家賽萬提斯，也就是世界最著名的荒誕劇之一《唐．吉訶德》的作者說過：「嫉妒者總是用望遠鏡觀察一切，在望遠鏡中，小物體變大，矮子變成巨人，疑點變成事實。」有著這類心理的青少年，一面很想與他人做朋友，一面又因為對方的某些表現比自己優秀而產生嫉妒心理，因此最終也無法和同學們融合。第四個是多疑。在與人交往中，總是容易產生不信任心理，擔心自己會上當受騙，處處都提防著別人，這其實是對友誼最大的挑戰。當同學好心為你做一件事，你不但不感激，還懷疑同學的用心，那麼久而久之，就很難與同學交好了。

玉瑩一家搬到這座城市以後，轉入一所新的高中。都快一個學期了，玉瑩的媽媽卻發現孩子每天獨來獨往，從來沒有看到玉瑩請過同學來家裡，也沒有同學打電話找過玉瑩，平時更沒有聽玉瑩提到過關係比較親近的同學，倒是常常聽玉瑩挑同學的毛病，什麼這位同學不會穿衣服，那位同學老是想著去討好老師，和自己國中的同學比起來真是差多了……玉瑩提到新同學，語氣總是充滿著不屑，可是父母還是從孩子的眼底看到了孤獨。是啊，像玉瑩這個年紀的孩子，誰不想交朋友呢？

那麼玉瑩的人際關係究竟出了什麼問題呢？父母幫助玉瑩進行分析。首先，玉瑩剛進到一所新學校，心裡懷念以前的朋友，對新環境產生了排斥。接著玉瑩又十分自負，覺得新學校的同學都比不上自己原來的同學，更沒辦法和自己比。這種心態會在她平時待人接物時表現出來，久而久之同學們也發現了這一點，不願意主動和玉瑩來往。找出原因後，父母建議玉瑩敞開自己的心扉。以前的朋友們還在，可以在有空的時候給他們打打電話寫寫信等。可是到了新學校，就是自己交新朋友的好時機，為什麼不好好和同學們來往呢？玉瑩可以先觀察一下哪些同學與自己的興趣愛好相似，然後真心的主動去與這些同學交流，時間久了同學們自然就會接納她了。

玉瑩父母給她的建議是正確而有效的。因自卑而不善於人際關係的孩子，應該調整自己的心態。人與人之間交的是心，只要自己抱著一顆平等的心對待同學，那麼同學也自然願意與你做朋友。如果你先認定了自己低人一等，那就無法展現出真正的自己，從而影響了你與他人之間的正常交往。性格上太過自負的孩子，則是違反了人際交往中的一個「對等原則」，總是自我感覺良好而不顧他人的感受，只會在傷害他人的同時也傷害了自己。因此在對人對事的時候，應該多多考慮他人的想法，這樣才可以融入友好的氛圍。嫉妒別人的青少年要謹記「三人行，必有我師」，別人有其優秀的一面，你同樣也有。你完全可以化嫉妒為學習，在人際交往中，學到有用的知識。至於經常懷疑別人的孩子要知道：要別人相信你，首先自己要做到信任別人。人都渴望被理解，一個總是對朋友心存懷疑的人，是永遠都不會有知己的。

心靈透視鏡

對於孩子來說，正常的人際交往能培養良好的心理素質，影響自我意識的發展及心理健康的水準。在人際交往中，孩子能增強群體意識，形成開朗大方、自謙寬容、合群友愛、自律自信等良好個性；同時，還可抑制自私任性、驕橫孤僻、怯懦恐懼及過分依賴等消極心理的滋長。

第39堂課

你是最好的自己——教孩子正確面對因自身缺陷受到的歧視

什麼是歧視？歧視就是不平等地看待，通常表現為看不起、挖苦、諷刺、傷害、貶低、侮辱他人等行為。而被歧視者大多只能默默忍受，有苦不言，獨自一個人流淚面對這一切。人的基本需要之一是尊重，每個孩子都渴望獲得關懷、得到接納、受到尊重。前蘇聯教育家蘇霍姆林斯基說過：「自尊心是青少年心理最敏感的角落，是孩子進步的潛在力量，是前進的動力，它是高尚純潔的心理品質。」歧視他人是一種罪惡而不道德的行為。

有一個失明的少年在彈琴擊鼓，一個書生問他：「你多大年紀了？」少年說：「十五歲了。」「什麼時候失明的？」「三歲時。」「那你失明已經十二年了。你既不知道日月山川和人間社會的形態，也不知道容貌的美醜和風景的秀麗，活得不是太可悲了嗎？」失明少年笑道：「我雖然眼睛看不見，但四肢和身體還在。聽聲音知道是誰，聽言談知道是非。我能估計道路的狀況，來調節走路的快慢，很少會跌倒；我對自己擅長的才能精益求精，不浪費精力做無聊的事。久而久之，我不再為失明而痛苦了。可是有些人雖然看得見，卻利令智昏，熱衷醜惡，不辨賢明，不能解釋邪與正，不知治與亂之因，詩書在前卻始終不能領會其意。還有的人倒行逆施、胡作非為，最後掉進羅網。這些人比我這個生理上的盲人更可悲可歎！」書生無言以對。

這段對話揭示了一種生活哲理：生理上的盲固然可歎，心理上的「盲」更為可悲。一個人如果有著悲觀的心理，就無法看到美好的事物。敞開心扉，全神貫注於所擅長的學習或是工作中，才能做出成績，領悟到深刻的人生道理。如果渾渾噩噩的混日子，甚至胡作非為，即使雙目明亮，也是不明事理、不通人性的「睜眼瞎」。

而當孩子因自身的缺陷受到歧視的時候，該怎麼辦呢？首先，不要自卑，打倒自己的往往就是自己本身；同樣的，歧視自己的，往往也正是自己，而不是別人。當自身有缺陷的時候，不要想著你與別的同學有什麼不同，不如換一個角度來想：我有什麼方面和同學是一樣的？我可以像他們一樣上學，擁有一顆堅強善良的心，為什麼不能自信的面對同學，面對社會呢？不要以為歧視你者都比你高明，他也許本來就不如你。你被他打倒，因他歧視你而背上思想包袱，到頭苦的還是你自己。不要過分陷入生活中的瑣事紛擾，對別人的一言一行過於敏感，過於重視別人對自己的看法與印象。這些全是心理脆弱、缺乏自信心的表現。要給自己信心，別人才能信賴你。

小銀三歲的時候突然發了一場高燒，父母漸漸發現她與別的孩子不一樣，去醫院檢查的時候才知道她患了小兒麻痺症。小銀漸漸長大，上了小學，念了國中，也明白自己身體上的缺陷。雖然父母從來沒有放棄過為她治療，可依舊於事無補。在那段日子裡，小銀發現，雖然身邊有歧視她的同學，可是也有喜歡她的同學，那些喜歡她的同學們常常主動幫助她。她沒有別人想像的那樣不開心，但真正讓她從自身缺陷的陰影裡走出來的，是好朋友的一席話。

她上高中後需要住校，因為同學們的家住得大多離學校較遠，週末一般也不回家。所以到了週末，大家都出去玩了。剛開始她很落寞，同學們可以去溜冰，自己不行；同學們可以去打羽毛球，自己也不行。後來，同寢室的同學發現了她的心思，下一個週末來臨的時候，死活硬把她拉出去參加聚會。當她站在那麼大一群人中間，覺得手足無措的時候，同寢室的好朋友輕輕握住她的手，說了一句：「怕什麼呢？妳和我們有什麼不一樣嗎？都是一樣的啊。來，和大家一起打牌吧！」就是好友的這句話，讓她明白了一個道理：只有自己才覺得自己和別人不一樣，別人其實並不在意，別人在意的只是你沒有敞開心扉。

小銀高中畢業後，順利的和好朋友一起考上了理想中的大學。她學的是商務英語，畢業後找到一份薪水頗豐的工作，而很多身體健全的同學畢業後走得反倒比她坎坷。也許有人會說這是小銀幸運，但是別忘了，幸運之神只會眷顧懂得愛惜自己的人。

要知道沒有一個人是完美的，每個人身上都有或多或少的缺陷，你在嘲笑別人跛腳的同時，有沒有認真審視過自己的心靈呢？在人生漫長的道路中，誰都會遇到生、老、病、死，都會經歷喜、怒、哀、樂，人生有高峰就一定會有低谷……接納一個生理上或心理上有缺陷的人，就等於接納我們自己，因為這些困惑我們也會遇到，因為他（她）或許是我們的親人朋友。

歧視的危害極大，尤其對被歧視者是一種相當大的精神傷害。他們心靈遭受著煎熬，而性格較怯懦的則不敢將實情告訴老師，這會嚴重影響他們的正常生活和學習，阻礙各方面的正常發展，有可能導致性格畸形，身心也會跟著受到傷害，有的甚至不堪忍受而採取自殺來擺脫。

同學與同學之間是平等的，應該擁有美好的心靈、健康的心態，能夠同情他人、關愛他人、團結互助、健康成長。同時，如果自己的孩子自身有缺陷，父母也要給孩子信心，但要注意不可事事代勞，這樣只會讓他覺得自己很沒用，一點小事也做不好。在保證安全的前提下，能讓孩子獨立完成的就堅持讓孩子獨立完成吧。

心靈透視鏡

很多孩子會與不如他們聰明、漂亮或健康的人保持距離，其實，如果能付出心裡的愛，他們會發現接納一個不幸的人並不難。何況，如果你仔細觀察，不幸的人身上也同樣有很多值得我們學習的優點。至於身體有缺陷的青少年，別人關於你的一切評價、對待、印象都來自於你本身，無論如何，你仍然是你，並不會因為別人的看法影響到你的實質。

第 40 堂課

最簡單的感情最溫暖——教孩子正確處理來自異性的暗示

隨著青春期的來臨，青少年的生理和心理都會發生一些變化。他們開始關注異性，渴望接觸和瞭解異性，甚至可能萌發對異性的好感或愛慕之情；同時，也希望有異性關注自己，這是正常、自然的事情。當有異性同學向孩子暗示好感的時候，不要覺得這是一個壞同學，或是一件不純潔的事。異性對孩子有好感，正好說明孩子是優秀的，身上的某一個亮點吸引了他。因此，收到來自異性同學暗示的時候，不要慌張，更不要馬上就向老師打小報告。

很多孩子在青春萌動的時候，對異性產生了好感，就會自己問自己：這到底應不應該呢？其實這沒有錯與對，這種感覺再正常不過了。當然，我們同時也要明白，有好感並不是愛情。因為愛情需要經過一些生活中的接觸和瞭解，有了故事的沉澱後，才會從好感演變成為愛情。一般來說，愛情會比好感維持的時間長一些，而出現在青少年之間的好感則會相對短一些，很容易一閃而過。比如，你喜歡的那位女同學，今天突然把頭髮剪了，你發現她變了一個模樣，不再是你有好感的那位女孩了。又比如，你仰慕的那位班長，學習成績突然下滑，你覺得他沒有以前那麼優秀了……這種種原因都會讓你對異性產生的好感突然消失。而青春期的這種好感，是在我們心理還不夠成熟的情況下產生，暫時不需要付太多的責任。

正在念高二的靜子最近遇到一些很奇怪的事，比如放學去車棚牽自行車的時候，就發現自行車上多了一個絨毛娃娃。早上，課桌上常常出現一個麵包或是一瓶牛奶。一開始，靜子還以為是別人放錯地方了，可隨著發生次數增多，靜子也開始懷疑是不是有人在關注自己。

這天，輪到靜子掃地，和她一起值日的同桌小娟突然從教室後排走上來，神神秘秘地對靜子說：「靜子，我剛才不小心把程南的筆記本弄到地上，拿起來順手翻了幾頁。妳猜我發現什麼，嘿嘿，那小子暗戀妳呢。他在日記本裡明明白白的寫著喜歡妳！」靜子的臉唰地一下就紅了，著急回了小娟一句：「胡說，沒有的事，妳就喜歡瞎編！」小娟也急了，拽著靜子就往後排走去，說要拿證據給靜子看。兩人正在糾纏，只聽教室後門「砰」地一聲讓人給用力推開，程南衝到自己的座位，拿起桌上的日記就要走。抬頭的時候突然看到靜子，他神情一怔，臉一紅，就拿著日記本跑了出去。小娟這時候笑嘻嘻說道：「看到了吧，程南的表情？我可沒有說謊。」靜子只得千叮萬囑讓小娟不要把這事情說出去，小娟也點頭答應了。

回到家，靜子有點坐立難安。她不知道怎麼處理這種事情，直接找程南說明白嗎？可是程南現在也沒有和她明說，自己這樣做會不會太自作多情呢？靜子想了很久，決定不如就當什麼事都沒發生過吧，希望程南不要找自己表白才好。可是事情到了這裡，突然來了一個跨越式的發展。

第二天放學的時候，靜子照常要到車棚牽車，遠遠看到有一個人站在自己的自行車旁。她心裡怦怦跳：不會是他吧？待她走近，不由得就更慌了，果然是程南。程南手握一隻玩具熊，臉紅通通的，也不敢抬頭看靜子。靜子想趕快牽車要走，這時候，車讓人從後面拉住了。程南走上前，喃喃地對靜子說道：「靜子，我……我喜歡妳。從這學期開始我就喜歡上妳了，記得在開學前的晚會上，妳在舞臺上彈著吉他，那時候我就喜歡妳了……這……這個熊送給妳。妳……妳能接受我嗎？」說完這些話，程南就把熊直接扔到靜子的前車籃裡，然後一臉純真的望著靜子。程南的一番表白，讓靜子很尷尬。她不知道要怎麼回答程南，只能趕緊騎上車走掉了。

經過一晚上的思考，靜子拿定了主意。第二天上完一節課的時候，靜子走到程南座位前，約他下午放學後在操場的榕樹下見。程南急不可待的點了點頭。放了學，兩個人如約而至。坐在大榕樹下，兩人沉默了一會兒，終於還是靜子打破沉默。她開口說道：「程南，你是一位優秀的男孩，性格好，學習成績也好。昨天我知道你喜歡我之後，的確很開心，因為我想不到那麼優秀的男孩一直在關注著我。」說到這，靜子抬起頭看了程南一眼，程南臉上露出欣喜的表情。靜子接著說道：「可是，程南，我們現在還是學生啊，我們都只是高二的學生，明年就要學測了。我不希望因為這件事情影響到你的成績。我很感謝你願意喜歡我，但是，我希望我們依舊像以前一樣做朋友好嗎？不對，應該說，從今天開始，做好朋友吧，我們互相幫忙，一起複習，努力考上好的大學。到時候，我們再來說其他的事，好嗎？」聽完靜子一番白表，程南很感動，原來自己喜歡的女孩子是如此的完美。靜子說得對啊，自己還是學生，應該以完成學業為己任，怎麼可以胡思亂想呢？

接下來的日子，靜子和程南成為好朋友，他們常常和同學們在一起複習，共同攻克一道又一道的難題。未來的日子陽光燦爛。

感謝那個喜歡你的人，他肯定了你的優秀，給你帶來了溫暖。不要冷冰冰地把人拒於千里之外，只需要提醒他，身為學生，當前最需要做的事情就可以了。

心靈透視鏡

青少年在成長過程中總會經過青春萌動時期，他們想和異性交往的目的其實很單純，大部分並不是為了尋找戀愛的伴侶，而是單純的喜歡某位異性的某個優點，進而想瞭解對方，從中學會怎麼與異性相處，並在這個過程中培養更深的友誼。但他們不明白這點，誤以為這就是「愛」。同時，來自異性的認可會給他們帶來自信和動力，緩解學習上的壓力。所以當父母發現孩子開始有著萌動的心，不要驚慌失措，以為天都要塌下來了，想想看，當年的你，是不是也曾經有過類似的經歷呢？

第 41 堂課

讓愛住我家——家庭衝突多，孩子易患「心理感冒」

心豔每天放了學都不想回家，不想回到那個時不時充斥著不快與謾罵的家。心豔的父母以前是非常恩愛的，夫妻關係和諧，對心豔也是愛護有加，從來不會在心豔面前大聲說話。可自從爸爸當上主任後，應酬就多了，晚上常常不回來吃飯，有時候半夜才回到家，還滿身酒氣，又因為喝得太多而吐得滿地都是。這樣的情況越來越多，心豔媽媽忍無可忍，和心豔爸爸之間的戰爭爆發……

心豔家開始常常聽到吵架聲、砸東西的聲音、媽媽的哭聲、爸爸的怒吼聲……這一切都讓心豔覺得難受極了。就這樣，心豔的學習成績一路下滑，由班級的前三名一直滑到了倒數第五名。老師不明真相，還以為心豔是不是交了什麼不好的朋友才弄成這個樣子，因此總是當著全班同學的面批評她。這讓她更加憂鬱，性格越來越古怪，同學稍微惹到她，立即破口大罵。

有一次，心豔爸爸又應酬到很晚都沒回家，媽媽坐在客廳，黑著一張臉等門。當心豔爸爸一進門，媽媽就抄起一只玻璃杯砸了過去……一場戰爭又爆發。心豔先是蜷縮在被子裡哭得直發抖，後來聽叫罵聲越來越大，就衝出客廳，拿起桌上的水果刀，對準自己的手腕大聲吼道：「你們這樣下去，不如離婚吧！我也不要活了！」還沒等爸爸媽媽反應過來，她就重重地把刀劃在手上，鮮血一滴一滴流到地板上。心豔的爸媽都驚呆了，手忙腳亂地把孩子送到醫院。

幸虧送醫及時，心豔沒什麼大礙。可是她卻無論如何都不願意理會自己的父母，飯也不吃，水也不喝，就躺在病床上一動不動。心豔的媽媽哭得很厲害。心豔看媽媽哭得太傷心，終於轉過頭來對媽媽說道：「媽，你們這樣過日子，不如離婚吧。」之後心豔把爸爸也叫到病房，問他願不願意和媽媽離婚。得到否定的答覆後，她對父母說了這樣一番話：「我很懷念以前的生活，那個時候你們不會吵架，更不會打架。可自從爸爸升職後，一切都變了。媽，妳變得尖酸刻薄，爸爸只是為了工作而應酬啊，妳為什麼總要責怪爸爸呢？爸，你在應酬的時候不能少喝點酒嗎？媽也是擔心你的身體啊。你們兩個這樣子，我真的過得很不開心，好多次都想到去死……」女兒的一席話讓父母都流下眼淚，他們用愧疚的眼光看看對方，又看看女兒，三雙手終於緊緊握在一起。

心豔自殘的做法當然有錯，她不該自暴自棄，最不應該的就是拿自己的生命開玩笑。生命多寶貴啊，有沒有想過，若有一天父母失去了你，會是多麼的痛苦！心豔後來開誠佈公的向父母說出自己的想法，也幫助父母化解了家庭危機，實在是一個好女孩。

家庭是孩子的避風港，父母則是孩子最信任的人，父母的關係及言行舉止會直接影響孩子的性格與人格。父母天天吵架的孩子如何能健康成長呢？常常看到坐在教室角落裡、神情憂傷的孩子，大多都是因為家中爸爸媽媽關係出了問題。有的孩子因為父母不合，甚至開始放縱自己，到社會上去濫交，只為了舒緩自己的壓力，最終走上犯罪的道路。那些經常目睹自己父母冷戰、吵架甚至打架的孩子，是缺乏安全感的。

身為父母，當你與你的伴侶發生爭執需要解決的時候，請儘量避開你的孩子。他們本是天真的花朵，沒有必要去承擔成人之間的複雜情感。青少年遇到自己父母不合的時候，一定不要放棄自己，可以要求父母和平解決問題，告訴父母你的想法。

心靈透視鏡

父母之間的爭吵，往往都是由日常生活中的小事累積起來的怨氣，孩子要幫著父母去解除這些怨氣，而不是增加父母心理上的負擔。不如就借用爸爸媽媽對你的寵愛，善用溫情幫助他們化解危機吧。

第 42 堂課

發現那些隱藏的美好——教孩子正確面對看不慣的人和事

中國人常說要「以寬己之心寬人」，可很少有人能做到這一點。打個比方，同樣一件事，自己做錯的時候，會找一百個藉口；可換成是其他人做錯的時候，就會看對方很不順眼，總想著去挑別人的過錯。我們接受同伴優點的時候，也應該接受他們的缺點，因為你也一樣有著不少的缺點。所以無論他人是對還是錯，無論你喜不喜歡，都要抱著一顆寬容的心去面對、去包容。

還有一句話叫「以克人之心克己」，也就是面對看不慣的人和事，要能夠克制自己的情緒和心態，不要過分的要求他人；在要求他人之前，先嚴格要求自己才能進步。在情緒達到頂峰將要爆發的時候，也要先提醒自己冷靜而禮貌地對待他人。這又涉及到溝通的問題。朋友之間難免有爭議，當爭議出現的時候，可以把問題拿到桌面上來開誠佈公的好好談一談。這不但有利於解決問題，還能增進感情，總比你悶聲不響的在一邊不滿意他人要好得多。

炎炎是一個脾氣比較暴躁的女孩，這也許是家庭原因造成的。炎炎和媽媽非常親密，最喜歡和媽媽一起聊天。可是炎炎媽媽的脾氣也比較暴躁，兩母女之間常常一言不和就吵起來。

炎炎上高一以後，每週一到週四晚上都必須住在學校，直到週五晚上才可以回家。炎炎一開始其實挺高興的，因為她是個性比較獨立的孩子。炎炎認為，開始住校後，自己就是一個真正的大人，而且不用天天和媽媽吵架了。想來也是，每週只有週末才能回家，母女倆找話聊都來不及，哪有時間吵架呢？

住進宿舍後，一開始炎炎還覺得很新奇，白天和同學們一起讀書，晚上還可以開個「床會」再睡覺。可是漸漸的，炎炎開始覺得不爽了，因為同宿舍的兩個女孩有些小習慣讓她很看不慣。小米很不講衛生，總是把衣服堆到週末才帶回家去洗。衣服堆在陽臺上都臭了，她還不願意處理。炎炎每次走到陽臺，看到那一大桶衣服時，總忍不住想要踢上一腳。而小玉呢，性格嬌氣得很，只要有一點不如意，就要死要活的撒嬌，大呼什麼疼死了，還說自己在家裡從來不會受這樣的苦。為此，炎炎忍得很辛苦，她很想開口說一下這兩位同學，可是想到大家才認識不久，又不好開口。

然而戰爭還是爆發了。某天，小玉回宿舍的路上，不小心絆了一跤，也沒出什麼事，連皮都沒磨破。可是小玉一進門，就直接撲到床上去大叫自己很疼，說是腳太疼，飯也不願意去打，讓同學幫自己打飯。炎炎這下看不下去了，直接說道：「有那麼嬌氣嗎？只是絆了一跤又不會死！還叫別人幫打飯，太懶了吧！」以小玉嬌氣的性格，怎麼可能忍受得了同學這樣批評？她怔了兩秒鐘，哇地一聲就大哭起來。大家看到小玉哭了，都過來安慰她，同時指責炎炎說話太過分。炎炎心裡的委屈就別提了。

孩子和同學發生摩擦後，讓他靜下心來觀察一下，是不是其他同學都認為他是對的、一點錯也沒有？如果不是，那麼就該想一想，和同學發生摩擦的原因是不是在自己身上。首先要考慮自己有沒有尊重同學，有沒有考慮別人的自尊心。不要一看到自己不喜歡的人和事，就不顧後果的吵起來。人無完人，說不定自己身上也有一些毛病是別的同學看不慣的，如果大家都因為看不慣對方的一些事就大聲嚷嚷，那麼同學之間還怎麼相處下去呢？換位思考一下，如果是別人來挑你的毛病，你會舒服嗎？

炎炎和父母討論後，決定每天洗衣服的時候，都邀小米一起洗，並且告訴小米，這衣服長時間不洗會生蟲的。兩個人一起洗衣服的時候還能聊天，這讓她們都很快樂。另外，炎炎也向小玉道歉，兩個人和好如初了。經過這次事件，小玉也知道自己的問題所在，打算慢慢改變自己的性格呢。

學校環境相對已經單純許多，沒有工作上的勾心鬥角，只有小男生小女生之間的小打小鬧，也許過幾年孩子再回頭看的時候，這些打鬧都只是笑話。快樂其實很簡單，只要放開心胸去接受一切，快樂就無所不在。

心靈透視鏡

學會發現別人身上的優點，多以寬容的心去看待周圍的人和事。在接受別人優點的同時，也要接受對方的缺點。有時候，你看不慣他人，不等於他人真的有錯，有可能是自己的出發點與看法出現問題。和你周圍的同伴友好相處，才會給自己帶來好心情。

第 43 堂課

醜小鴨也會變天鵝——教孩子不要讓外在的美醜來決定交友

孩子還在牙牙學語的時候，你會發現他是一個「視覺性」動物，被一切有著鮮豔顏色的物品所吸引。當一個穿著花裙子的姐姐和一個穿著素色衣服的姐姐同時站在他們面前，向他們伸出手，他們大多數選擇撲到花裙子姐姐的懷裡。因為那個年紀的孩子，總是以眼睛看到的外表來斷定美醜。

因此當孩子長大，開始步入青春期後，父母應該早點讓孩子明白，不能以外在的美醜來決定交友。若孩子養成了以貌取人的壞習慣，那麼將來就極有可能形成欺善怕惡、嫌貧愛富等等不良品質。

小倩喜歡一切美麗的東西，就好比如果她要買一把傘，她不會在意品質的好壞，只在意是否好看。她的這種好惡在與同學來往中展現得淋漓盡致。班上有一位剛轉來的女孩，長得非常漂亮，而且還特別會穿衣打扮。從她轉來的第一天起，小倩就一直黏著人家，還帶著少許討好的意味。這女孩穿白襯衫搭配黃短褲，第二天她也立即有樣學樣的穿來學校。拿同學的話說，就跟雙胞胎似的。

可是對於班上那些長相一般的女孩，她總是愛理不理，覺得她們和自己不是一國的。同班同學小娜，因為小時候被開水燙到脖子，留下一塊很大的疤痕，小倩對她很不屑一顧，常常在同學面前譏笑她，說她衣服髒，身上也是臭哄哄的。因為小倩的不友善，原本就很沉默的小娜變得更加自閉了。

那次是去參加同學碧華的慶生會。碧華是一位善良的女孩，找了小娜一起來，因為她覺得小娜總是一個人很可憐，想趁此機會讓她好好和同學相處一下，特別是小倩。可是小倩卻對此嗤之以鼻，覺得碧華真是多此一舉。因此在慶生會上，她非但不肯好好與小娜相處，還處處嘲笑她。會後大家一起結伴回家，一路上小倩都很調皮，倒退著走路與大家聊天，這時候突然從角落衝出一輛汽車，遠遠的就朝小倩撞過來。大家驚得目瞪口呆，只有小娜飛了上去，一把拽開小倩，兩個人都倒在一旁，汽車就擦身而過……小倩還沒從恐慌中回過神，只聽到小娜著急詢問：「小倩小倩妳還好嗎？沒事吧？」小倩一下驚醒，抱著小娜大哭起來。

從那次以後，小倩才明白，小娜受了創傷的表面下有一顆無私而又善良的心。以前自己那麼對她，她不僅沒有記恨，還在關鍵時刻救了自己。而同時，小倩也知道了小娜脖子上的傷，是因為小時候為了護著自己的表弟，而讓熱水瓶砸到的。小倩覺得以前的自己是多麼的無知和可惡，她誠心向小娜道歉，兩人也因此成為好朋友。

我們常常看到類似這樣的故事：衣著破爛的老人家在街頭尋求幫助，可是沒有人願意幫他，嫌他年老而骯髒；終於有失業已久的年輕人帶他吃飽飯，又幫他報了警；幾天後，這位好心人才知道自己幫助了一位千萬富翁的父親，也因此得到一份如意的工作。當然，我們在幫助他人的時候，並不應該別有所圖，而往往就是這不經意的善心，你會得到意料之外的收穫。

心靈透視鏡

外貌不佳的孩子本來就自卑，因此他們很需要一個能接納自己的朋友。外貌不佳不代表能力不夠，或是本質不行。不要急著從外表去斷定一個人的好壞，試著接觸一些日子，敞開心扉，就能收穫一份純真的友情。

第44堂課

放下，虛幻的愛——教孩子遠離網戀的陷阱

網路時代來臨，隨之而來的產物也越來越多，網戀就是其中一種。現在幾乎每個孩子都有電腦，本是想幫助學習，可在學習的同時，自然也延伸出其他問題。青少年處於青春期，好奇又愛追求時髦，透過聊天工具聊天的時候，就容易陷入網戀的漩渦裡，有的孩子甚至進行了「網婚」。如果說網絡是一個生活的縮影，那麼網戀就是人性的試驗場。

網路調查顯示，近四〇%的網民坦言有過網戀的經驗，而這四〇%裡大部分竟是來源於青少年。網戀為什麼能吸引青少年呢？這是因為在網路世界裡，孩子們可以拋開一切壓力，充分發揮自己的潛力。他們本來小小的一個優點，也許在網上就可以膨脹十倍甚至更多，可以更輕鬆的顯示出強烈的個性來吸引異性注意。在網路上，剛開始和異性接觸的時候，彼此看不到對方的長相，不知道對方的真實姓名，因此都不會感到害羞。在這種相對公平的環境下，他們願意敞開自己的心扉，吐露自己的心事。同時，青少年還認為，在網路上的一切行為都是安全的，比如，和一位異性網戀，發現不合的時候，點一下刪除鍵，那麼過去都不存

在了。

另外，他們還認為在網路上可以尋求到自我的價值感。比如，平時成績不好的學生，可以在網上塑造一個成績頂尖的人物；一個平時常被人嘲笑膽小的孩子，可以把自己打造成一個大膽幽默的角色。這些都滿足了青少年自己的價值感。

念高一的曉東最近越來越迷戀上網了，最主要的原因是，他在網上有了一個「情人」，一個家在臺北叫玫瑰的女孩，這是曉東心中最甜蜜的秘密。玫瑰是活潑可愛又善解人意的女孩，也正好念高一。在平時的交談中，玫瑰常常表露出對曉東的仰慕之情，這讓曉東的英雄心理得到了很大的滿足。每天曉東都要花一到兩個小時上網找玫瑰聊天，然後玩網遊。接觸一段日子後，兩人還在一個網路遊戲中「結婚」，在網路上成了一對「名正言順的夫妻」。偶爾，曉東上網的時候，玫瑰不在線上，他就一整晚失魂落魄，也不願和其他人聊天，更不願獨自去玩網遊了。

兩人網戀半年之後，曉東才敢向玫瑰提出看相片的要求。玫瑰考慮了兩個晚上，終於把相片給曉東發了過來。相片上是一位明眸皓齒的女孩，臉上帶著燦爛的微笑，用一雙黑溜溜的大眼睛看著曉東。自從收到玫瑰的相片後，曉東每天花在網路上的時間越來越長，因為怕父母發現自己在網戀，還經常跑到網咖去上網，只為了陪玫瑰一起玩遊戲。與此同時，曉東的成績也一落千丈……

很快，暑假就到了，曉東計畫很久的一件事情要展開行動了：他打算到臺北去看玫瑰！他為這件事情激動不已，想到自己不久就要和心愛的女孩子見面，連覺都睡不著。可是當曉東將這個計畫告訴玫瑰的時候，她卻想都不想就拒絕了。曉東不明白，玫瑰為什麼要拒絕，難道她喜歡上了別的男孩子嗎？在曉東的步步追問下，玫瑰突然從網路上消失了，無論曉東待得多晚，在遊戲中逛上多少圈都找不到玫瑰。為此，曉東甚至想到了死，隨之而來的真相，卻讓他回不過神。和曉東還有玫瑰一起玩遊戲的另一位朋友，因為實在不忍心看曉東一天一天這樣找下去，向曉東說出了事情的真相。原來，玫瑰竟是一個男人，而且是一個結了婚的成年男人！曉東在這個網路遊戲裡是出名的高手，當時玫瑰剛加入遊戲，知道了曉東這個人，就化身為一名女孩來接近曉東，目的是想讓曉東帶著他一起玩遊戲，幫助他升級……而他給曉東傳來的相片，當然就是在網上隨便找來的陌生女孩相片……

曉東還算是幸運，因為有好心人讓他早早知道了真相。他無非就是難過一段時間，接著應該會離開網路一陣子，好好用功讀書。但網戀引發的種種事件並不是都那麼簡單，曾有這樣一則新聞報導：兩個十幾歲的孩子網戀並見面後，女孩提出分手，男孩就拿刀捅了女孩。另外，還有人專門吸引女孩子網戀，約出來見面後就將其拐賣掉……這種種因為網路而誕生出來的罪惡，真是數不勝數，令人觸目驚心。

青少年一旦開始網戀，就會完全沉迷於網路聊天或是網路遊戲中，他們會擠出一切的時間來上網。與此同時，開始荒廢學業。另一方面，相對於網戀，其他現實生活中的活動對他們毫無吸引力，也就開始和人群拉開距離。還是那句老話：「遠離網戀，珍惜生命！」

心靈透視鏡

青少年只看到網戀是一朵奇幻而美妙的罌粟花，卻看不到花裡面的毒。網戀只會給青少年帶來負面的影響，不但妨礙學業發展，同時還會影響到現實生活中的人際關係，嚴重者甚至付出慘痛的代價。青少年壓力太大而想釋放的時候，不妨和父母出去旅遊，或是和同學好友一起說說心事，就算是選擇網路聊天，也一定不要陷入網戀的陷阱。

第45堂課

贈人玫瑰，手有餘香——告訴孩子，好人不難做

正所謂「人之初，性本善」，人都是本性善良的，只是開始成長、懂事、接觸社會後，本性就會隨著欲望漸漸改變。在變化的過程中，有人做了好人，有人做了相對而言的壞人。

孩子還小的時候，父母總會把一句話掛在嘴上，那就是「做個好孩子」。可是等孩子成長後，父母就開始給他們灌輸這個世界的「險惡觀」與「危機觀」，只強調如何努力學習出人頭地，卻忘記讓孩子先學會做個好人。只有先成為一個好人，才是人之根本，他才會順順利利地走完一生。

也許會有家長歎口氣：「唉，好人難做啊！」其實不然。在我們身邊就常常有這樣的人：工作單位裡，有人盡責完成自己的工作，給身邊的人以最大的幫助，提到他們時，大家都稱讚「他可真是個好人」；而孩子身邊也常常有這樣的同學，他們熱愛生活，天性樂觀，不自私自利，用自己豁達的心與其他同學交往。所謂的好人，就是在自己的觀念與思想支配下做事，而所做的這些事，不違反道德規範，不侵犯他人利益，並為自己以及社會創造了價值。

因此，相對於那些偉人與強人，做個好人是我們普通人最應該先做到的事。

青少年在求學讀書提高自己IQ的同時，也要提高自己的道德智商，建立與鞏固自己的人格魅力，樹立一套正確的道德觀，不做損人利己的事，以自己最平常的心來幫助有困難的同學。

小青是單親家庭長大的孩子，父母在他小學四年級的時候就離婚了，小青跟著爸爸。從那一年起，小青的性格就完全變了，他不願意與其他人交流和溝通，對周圍的一切事情都漠不關心，因此身邊幾乎沒有什麼朋友。

上了高中後，小青冷淡的性格越發明顯了。女同學都覺得他很酷，難以接近。男同學則認為他是一個怪人，心理一定有疾病。當然，小青並不在意這些，他只想安安靜靜讀完三年高中後，到相對自由的大學校園去生活。可是一件事改變了他。

那是高一暑假的時候，班上要組織夏令營活動。這個活動除了老師帶隊之外，還需要找出三位同學擔任隊長和副隊長。隊長需要一名男生，負責幫助老師統籌活動，而兩名副隊長則需要一男一女擔任。開班會確認名單的時候，隊長很快就選定了由班長擔任，而女副隊長也選了一位平時比較能組織活動的女生擔任。到了選男副隊長的時候，大家就開始有爭論了，有人認為副班長不錯，有人則認為體育股長不錯。大家七嘴八舌的時候，小青一個人坐在角落裡，一言不發的看著這一切。他心想：「管誰來擔任呢，反正我保證自己的安全就行了。」偏偏這時候，吳老師開口了：「同學們先安靜一下，我提議這個男副隊長由小青擔任，大家認為呢？他個性冷靜，應該可以好好處理事情。」吳老師說完，全班都安靜下來，大家一下全都望向小青，小青也一臉的尷尬和不解，他實在弄不明白老師為什麼推選自己。後來，同學們都同意了老師的建議。

去營地的路上，小青盡責的做好自己的工作。他發現，只是自己的舉手之勞，都會換來同學們的微笑和感謝。比如，他幫一位女生把很重的背包放到車上，女生對他表示感謝之餘，還硬塞給他一個蘋果。他幫助一位男生把忘記拉上的包包拉鏈給拉上……這點點滴滴，總是換來同學們的一句：「你人真好，謝謝你！」到了營地，他幫助女同學搭帳篷，幫助男同學生火做飯……同學們驚訝發現，這個平時不苟言笑的男生是多麼的能幹，很多其他同學不能完成的事情，他都能輕而易舉的完成……

這次夏令營回來後，小青和同學們的關係有了微妙的變化。同學都很喜歡和他一起交談，男生約他一起打球，女生好奇他是如何做出一鍋美味的湯……小青的性格也慢慢發生變化，他臉上的笑容越來越多了。在夏令營的檢討會上，當小青看到吳老師投過來的笑容時，似乎有些明白了老師的用意。

吳老師的做法很妙，他首先給予小青能力上的肯定，再賦予他一定的權力和責任。小青在這種肯定和權力的雙重光環下，很願意去努力完成自己責任之內的事，並且做得很好。青少年在這樣的鍛練下才能明白：人不能太過冷漠與自私，想著去幫助別人，別人才會看到你身上的發光點。

與他人友好的交流是快樂的，孩子會在這種快樂中迅速提升自己，並從別人身上學到很多有用的東西。不要把孩子封閉起來，更不要讓孩子只顧把自己的事情做好。拿出真誠的心，走到人群中，在人群中提升自己的價值觀。

心靈透視鏡

在不傷害他人的前提下，嘗試著去幫助他人，為他人服務。將來有一天，自己也遇到困難的時候，你會發現，你還未開口，身邊就包圍了一群願意無私幫助你的朋友，這些朋友會給你歡樂、肯定和財富。

第46堂課

受一次傷，看透一個人，賺了——教孩子正確選擇朋友

小亮的父母發現，小亮最近常常突然冒出一兩句粗話，走路拖著鞋走，頭髮長了也不願意去剪，說自己要留長髮，鄭伊健在《古惑仔》的造型就是自己的目標。小亮的父母一開始還以為，孩子是因為電視看太多了，才變得有些不同，以為孩子好奇心過了也就好了。可是有一天，小亮的爸爸突然發現兒子手上竟然有煙熏的痕跡！無論他怎麼問，小亮都只說是自己不知道怎麼沾到手上的。爸爸甚至想要動用「武力」讓小亮說出實話，小亮也不肯。

某天，小亮爸爸下班回家的路上，看見這樣一幕：小亮和一群青年走在一起，襯衣敞開著，腳上穿著一雙夾腳拖，嘴上還叼著煙，對路過的女孩子吹口哨！小亮的爸爸大為震驚，自己的孩子才國中啊！什麼時候變成這樣的？他怒氣騰騰地拼命把小亮往家裡拽，回到家還把小亮揍了一頓，說他怎麼會交上這樣的朋友，真是不學好！小亮對此一言不發，只是瞪著眼睛看爸爸。接下來，小亮更加的叛逆了，還學會翹課。

父母急得不得了，找來小亮當員警的叔叔商量對策。小亮的叔叔開始著手調查和小亮玩

在一起的那群人，發現那是一群貪玩的青少年，不學無術、遊手好閒，所幸還沒有人觸犯過法律。而裡面一位帶頭的青年是有一些武藝，大家都很崇拜他。小亮之所以喜歡和那些青少年混在一起，就是想和那位帶頭的青年學一些「武功」，讓自己變得強一些。

知道這些以後，小亮的叔叔首先拜託在醫院工作的朋友，帶小亮去醫院參觀呼吸病房。小亮看到很多患有各種呼吸疾病的人，這些人除了部分是因為職業傷害，很大部分都是常年吸煙引發疾病。從醫院回來後，小亮的叔叔從網上下載了很多青少年犯罪心路歷程的故事。翻看那些故事的時候，小亮的臉漸漸變了顏色。他從報導得知，有的青少年因為誤交損友而成了殺人兇手；有的則因為一根加了毒品的煙而染上毒癮……那一個又一個案例，還有那些青少年無助與後悔的眼神……

交錯了朋友不要緊，只要及時「煞車」，早點和不良少年斷了來往，總是為時不晚。孩子身邊不乏優秀的人，應該與他們多多來往才對。這不是教孩子歧視別人，而是應當學會辨別好壞的能力。

世界是一個「萬花筒」，有形形色色的人，而這些人還會做出形形色色的事。自己的孩子會不會認識不良少年，會不會跟著壞孩子走上犯罪的道路？父母這樣的擔憂，一直到孩子們成了家、立了業，依然不會減少半分。

墨子在染坊看見工匠們將白色的絲織品分別放進各色染缸裡，浸泡良久後取出，晾曬時就變成不同顏色的織物了。墨子頓有所悟，不覺長歎一聲道：「本來是雪白的絲，放到青色的染缸就成了青色，放到黃色的染缸就變成黃色。用的顏料不同，染出來的顏色也不同。如果將白絲放到五種不同顏色的染缸裡各染一遍，它就會改變五次顏色。如此看來，人們染絲的時候不能不謹慎啊。」

接著，墨子又從染絲的原理進一步聯想：其實人世間，不僅是染絲與染缸的顏料有關，即使是一個人、一個國家，不也存在著會染上什麼顏色的問題嗎？

涉世未深的青少年，身處五顏六色的社會大染缸之中，一定要牢記「近朱者赤，近墨者黑」的道理，擇其善者而從之，讓自己更健康地成長。

青少年因為年齡小，辨別事非和鑒賞事物的能力非常有限，不像大人一樣，經過兩三次接觸就能分清誰是可以交的朋友、誰是應該遠離的人。再加上他們興趣多樣，而且總是三分鐘熱度，轉變得快，所以很容易被一些行為不良的少年所吸引。比如，宣稱自己認識「黑社會老大」，大說特說自己參加過打架事件等等。這就會讓一直生活在溫室裡的孩子們覺得「哇，好酷」，很想和他做朋友。又比如有心人瞄準了還在學的單純少年，表演自己的一些「特技」，比方可以很快的從別人身上偷到東西、會打各種各樣的紙牌、在酒吧玩得很開。這也會讓涉世未深的孩子覺得那是一個自己所嚮往的自由圈子，因為「羨慕」，就很容易受他們平時言語上的誤導，和他們交上朋友並跟著做錯事。

父母發現孩子交錯朋友的時候，切忌打罵、責罰、關禁閉等強硬的做法。這樣只會適得其反，讓孩子產生對立的情緒，使他與家人之間的「歸屬感」有所轉移，將他與不良少年推得更近。明智之舉是用智慧和耐心找出原因所在，對症下藥，用關愛和信任去引導孩子走出歧途。

另外，發現孩子有了不良興趣的時候，可以採取「興趣轉移法」，轉移他們的愛好，為他們營造健康的環境，讓他們可以在其中做一些有意義的活動。

心靈透視鏡

全社會都有責任為青少年構建一個健康成長的環境，家庭就是其中最重要的一環。擁有一個溫暖而又充滿愛心的家，孩子是極少有理由去「變壞」的。青少年也應該嚴格要求自己，不要被一些表面上的東西所吸引，應該要借重知識與父母，去洞悉事情的本質。

第47堂課

追星是一種成長——教孩子走出偶像崇拜的迷思

追逐明星、崇拜偶像，這是每個人都會有的心態。小時候，孩子最崇拜的是自己的父親或是母親。進了學校，孩子開始轉而崇拜自己的老師，覺得老師說的每一句話都是對的。跟著，開始被報章雜誌或是電視裡那些光芒四射的明星所吸引，於是選定一個偶像，到處收集這位偶像的資料、海報、專輯，打聽與他有關的一切。他們或許從來不記得自己父母的生日，卻清楚記得偶像是什麼血型、哪天過生日、最喜歡吃什麼、最喜歡什麼顏色、最喜歡什麼動物等等。房間貼滿偶像的海報，像護身符一樣隨身帶著偶像的相片。有人否定這位偶像時，立刻翻臉。

他們把自己的零用錢攢下來，只為去看偶像主演的電影、買偶像的專輯、看偶像的演唱會。他們還會效仿自己偶像的打扮以及造型，力求做到一切以偶像為準。有些甚至為自己的偶像迷失了心智，二〇〇六年底，大陸媒體上大熱的「楊麗娟追星事件」就是一例。該女子瘋狂愛慕劉德華十二年，在這十二年裡，她荒廢了學業，還斷絕了與同學朋友之間的聯繫。

楊麗娟的父母多次勸阻無效後，出於對女兒的疼愛，開始縱容支持自己的女兒去追星。其父親更是陪女兒一起赴香港，給劉德華寫了一封信後，跳海自殺……這實在是太瘋狂了。

秀秀是某位女歌手的粉絲，她是因為同學的「傳染」，近幾個月開始迷上這位女歌手。她大量收集以往的海報及專輯，以自己是一名粉絲為榮。她覺得大家為了一位偶像聚集在一起，有一個大家庭的感覺。剛開始媽媽並不反對她喜歡女歌手，因為喜歡或是討厭一個人，那都是孩子的權利，自己不應該總是去干涉。可是漸漸的，媽媽開始有點受不了了。女兒每天開口閉口就是女歌手長得多麼多麼好看，歌唱得多麼多麼的好，就連晚上也要聽著女歌手的音樂才肯做作業。媽媽為此勸了她很多次，說這樣會讓她分心，可她還是不聽。

秀秀還常常去參加粉絲大聚會，大家共同討論女歌手的新歌，並想著如何才能幫助自己的偶像。女歌手快要過生日的時候，大家還一起籌錢，想要給心目中的偶像送上一份禮物。更誇張的事還在後頭呢，聽說女歌手要開巡迴演唱會，秀秀興奮得不得了，開始想方設法的存錢。媽媽發現，她連早餐都不吃，就是為了把錢省下來去聽演唱會。

女歌手的演唱會近期就要開了，可秀秀還是沒有存夠錢，於是想到了變賣自己的東西。她拿出媽媽剛給自己買不久的Nike鞋，和生日時爸爸送給自己的數位相機，正要出門的時候，讓媽媽給撞見了，在媽媽的追問下，她不得不說出實情。

媽媽讓秀秀先把東西拿回房間，秀秀趴在桌上哭的時候，媽媽進了房間，把五千塊錢放到秀秀的桌前。秀秀止住了哭聲，愣愣地望著媽媽。媽媽微笑說道：「妳想去看女歌手的演唱會，為什麼不和媽媽商量呢？媽媽願意給妳錢去看的，去聽一場音樂會不是什麼壞事呀。對不對？」秀秀一下笑了，用力地點點頭。媽媽這時候問道：「告訴媽媽，妳喜歡女歌手什麼呢？」秀秀飛快地答道：「我喜歡聽她唱歌，喜歡看到她在臺上認真表演的樣子！」媽媽接著說：「媽媽並不是反對妳追星，可妳最近的做法實在有點過分了。妳上次考試，有將近一半是不及格的。以前妳從來沒有這種情況發生。這是為什麼呢？因為腦子裡只想著要怎麼去收集女歌手的海報，做作業的時候也不專心，只顧著聽音樂。現在更變本加厲的想要變賣東西。有些過分了吧？崇拜偶像沒有錯，可我們應該學習這位偶像身上的優點，妳說喜歡女歌手在臺上認真唱歌的樣子，妳也說了「認真」二字。那麼妳在喜歡她的同時，為什麼不學習她對音樂的認真執著，以及對工作的努力呢？妳好好考慮媽媽今天說的話吧。」

秀秀如願以償的拿著媽媽給的錢，聽了偶像的演唱會後，慢慢恢復正常的學習狀態，雖然她還是非常喜歡女歌手，但選擇了理性的「追星」。

青少年追星從本質上來說並沒有錯，只要不盲目瘋狂，不因為追星而耽誤學業，不濫花時間和精力在追星上，那麼就放心的去崇拜一個明星吧。從他身上學習最適合你的亮點，那麼追星將會是一件美好的事，相信父母和老師也不會反對的。

父母對於追星現象不應該一棒子打死，可以容許孩子有自己的偶像，但是要教育孩子「崇」之有度，不能因為追星而影響了自己的學習和生活。孩子正處於身心成長階段，偶爾會覺得迷茫和徬徨，對自己的將來不知道該如何定位。而這個時候，當一位受眾人矚目的明星出現在他們面前，崇拜這些偶像成了他們一種心靈的寄託，這個偶像也許會影響他們的人生價值取向。青春期孩子對事物的認知多是停留在感性階段，僅僅只想滿足自己的感官享受。大人只要引導得宜，追星也不是不可以。

引導孩子正確追星的方法有很多，要根據孩子的實際情況採用最適合的方法，千萬不要強行禁止，這很容易激起孩子的叛逆心理。另外，引導是一個過程，父母一定要有耐心。

家長對孩子追星的行為不必那麼擔心，原因有兩個。一是追星有時間性，孩子不會永遠這樣，一般過了二十歲，就不會那麼瘋狂追星，而開始沉靜下來，做一些符合現實生活的事情。二是追星體驗對孩子的成長很重要。追星是生活的精神層面，這種瘋狂超越自我內心控制或者擺脫父母管理的感覺，會給孩子的成長帶來很大的動力，他覺得活著是一件很愉悅的事。

一個孩子發展得好還是不好，就看他從生活中得到快樂有多少。如果他總是感覺不到快樂，成長的意願就會變得薄弱，如果他隨時都感到快樂和自我滿足，就會覺得活著很美好，而努力地活下去。

心靈透視鏡

成功的明星都是值得尊重的人，他們透過自己多年的努力才獲得今天的成就。從正面去崇拜偶像，能正確分析自己偶像的優點和不足，從而追求明星身上的亮點，學習他們好的那一面，培養自己積極奮進的精神。榜樣的力量是無窮的，朝著自己理想的方向奮鬥吧！

第 48 堂課

再富也要「窮」孩子——教孩子理財，從管理零用錢開始

青少年也有收入，那就是零用錢，零用錢的多少決定了孩子的消費能力。孩子會因為零用錢太少而煩惱，家長也會為不知道該給孩子多少零用錢而煩惱。給得太少，怕孩子和同伴們一起消費的時候顯得自卑；給多了，又擔心孩子大手大腳的亂花錢，養成奢侈的壞習慣。因此早些年就有專家指出，應該從三歲起就培養孩子的理財能力。對於這個觀點，有的家長認為不妥，因為讓孩子從小接觸金錢，會讓孩子變得世俗，染一身銅臭，稍微懂事後，就光想著去賺錢，還會認真學習嗎？有的家長則持相反的想法，他們認為從小給孩子一些高消費習慣，孩子長大了才會設法努力去賺錢。

其實這兩種主張都有失偏頗。每個孩子來到這個世界上都要學會生存，過程中自然而然包括了學習、生產、消費等等。你不讓孩子接觸金錢，孩子又怎麼會知道生產消費的重要性呢？而讓孩子養成高消費習慣，將來孩子如不能滿足高消費水準時，會不會去犯罪？這一切都很難說。因此，培養孩子的理財能力是非常重要的一課。

小梅對零用錢的管理就做得特別好，不過她可不是一開始就這樣，而是因為「MP3事件」讓她覺得應該要學會管理零用錢了。

小梅的父母每個星期都會給她一筆固定的零用錢，雖說不算很多，可解決她平時的開銷絕對足夠了。小梅幾乎每到週五左右錢就花光，她覺得無所謂，反正再等兩天就有錢花了。平時想買什麼，父母也大多會答應自己的要求。而最近，小梅發現班上好多同學都買了MP3，體積小巧，攜帶方便，還可以隨時隨地聽音樂。小梅本來就是一個喜歡音樂的孩子，在同學們的刺激下，當然也想擁有一台MP3了。於是她像往常一樣，向父母提出自己的需求。可是這次出乎意料的，父母卻拒絕了她的要求。原來，父母早發現了小梅花錢喜歡大手大腳的情況，一直想要治一治她的這個毛病，這一次剛好就是很好的機會。媽媽對小梅說：「MP3可以給妳買，不過要等妳五個月之後的生日才能買，妳要是現在就想要，得自己存錢。」等五個月？怎麼可能！小梅可是個急性子。她軟磨硬纏了好幾天，父母依然堅定的拒絕她的要求，她只能死心了。

於是她開始計畫著要存錢。她算了一下，如果兩個半星期不花錢，就能擁有MP3了。列好計畫後，小梅有點小小的興奮，因為可以靠自己的能力買到「大件物品」了。在接下來的兩個多星期裡，小梅雖然還是會忍不住買一些零食吃，但明顯克制了很多。兩週半計畫雖然變成了三週半，可是當她把那款心怡的MP3買下來時，嘗到了理財成功的喜悅。

從那以後，小梅學會管理零用錢，不再像以往那樣亂花，而是每週都固定往自己的存錢罐存一些錢。當父母把一本屬於她的銀行存褶放到面前時，她覺得自己長大了。

要讓孩子學會如何正確的消費，透過消費學會合理分配自己的零用錢。在消費之前，先考慮一下是不是真的需要這個東西；如果不那麼重要，為什麼不先把錢存起來，留著以後買最想要的東西呢？當孩子有計畫性想要用錢去實現一個願望時，父母可以幫助列計畫，分析一下大概多久能實現願望。還可以給孩子開一個銀行帳戶，把部分零用錢存到銀行。從小開始實施儲存計畫，那麼在小小年紀就能擁有一筆真正屬於自己的財產了。還要養成記帳的習慣，這樣就可以從帳本中知道自己的消費行為，例如，這個月重複買了什麼沒多大用處的東西？怎麼花了那麼多錢在零食上？這樣，在下一次消費的時候就會有所改進了。

父母每次給的零用錢應該都有一個限額，花光了就沒有了。同時，父母就是孩子的榜樣，試想一下，如果父母都沒有理財規劃，只會亂花錢，那麼又有什麼理由去說服孩子呢？青少年只要做到了以上這幾點，那麼他們的初級理財計畫就已經算是成功了。

家長在發現孩子有「消費惡習」時，要及時幫助他們改正，讓孩子建立起「適度消費」的正確觀念。自己還沒有為社會、為家庭創造出勞動財富，讀書與生活上的花費都靠父母負擔，所以應該學著體諒父母，學會計畫性的消費與適當的存款。

心靈透視鏡

青少年在零用錢的數額上不要與其他人攀比，不要總想著「別人有的我也想有」，更不要理所當然的認為，自己的零用錢花光了父母就應該及時給予。不要過度追求名牌，不要受到媒體廣告的誘惑而亂花錢。培養屬於自己的理財觀，從中學習新的知識。

第 49 堂課

圈子大了，快樂也就多了——好人緣是這樣煉成的

人緣是指透過人際交往形成的人與人之間的關係。人際交往需要很好的溝通，這是每個人都應該具備的能力。尤其對於青春期的青少年來說，能夠獲得好人緣，就能夠得到同學和朋友的肯定和接受，得到來自人群的鼓勵，能夠健康成長於團體中，這都能幫助青少年更好的發揮自己的才能和提升人品。在成長的過程中，與孩子關係最密切的就是家長、老師和同學，因此務必要處理好與他們之間的關係。

陶樂是個淘氣又霸道的孩子，經常以捉弄同學為樂，因此同學都說他是人如其名，「陶樂陶樂，淘氣才會快樂」。陶樂不僅喜歡捉弄同學，上課的時候也不願意好好聽課，不是拿紙球丟同學，就是喜歡說小話騷擾同學，平時更是喜歡欺負長得弱小的同學，為人也有些驕傲自大，覺得大家都比不上自己，就是一個從小被寵壞的典型。因為這樣，陶樂人緣一直不怎麼樣，他卻一直沒有意識到自己人緣有多差，反而自我感覺良好，因為他差使同學下樓替自己買零食，很少有同學拒絕。

那是一次游泳課，班上需要分成五組來學習。可是分組的時候，竟然沒有人願意接受陶樂和自己一組。在陶樂瞪大眼睛的威脅下，顧勇那組只得接受他。一開始的時候，大家都挺和樂的，會游泳的同學教不會游的同學，泳池裡笑聲一片。可是過了一會兒，陶樂開始忍不住了，他左顧右看有什麼好玩的，正好看到班上的小胖男許佳坐在泳池邊玩水，卻怎麼也不敢下水。他樂壞了，悄悄繞到許佳的背後，用力一推，就把許佳給推到泳池裡。聽到撲通一聲響，陶樂大笑起來，一邊笑一邊還大喊：「快看啊快看啊，肥豬落水了！」大家順著聲音過來，卻看到不會游水的許佳在水中掙扎，腳還冒出了血。大家都嚇壞了，有同學立即跳到水裡，有同學大喊老師過來幫助，場面亂成一片。等老師和同學一起把許佳從泳池抬上來的時候，陶樂也嚇傻了，他本想戲弄一下許佳，沒想到竟弄得這麼嚴重，許佳的右腿不停流血！

送到醫院檢查才知道，陶樂把許佳推到泳池裡的時候，許佳的腿重重地打到了泳池邊，不但出血，還造成輕微的骨裂，至少得在醫院躺上半個月才能出院。事情發生後，陶樂的爸爸急忙帶著孩子到醫院去給許佳及他家人道歉，並表示願意承擔醫療費。許佳的媽媽雖然沒說什麼，可是許佳爸爸的一句話讓陶樂的爸爸驚醒過來。許佳的爸爸說：「你再這麼縱容你的兒子，將來弄出人命，我看你怎麼辦！」

陶樂為了這事嚇得不敢上學，可他的爸爸媽媽都不同意。經過許佳這件事，他們都認為不能再縱容孩子了。陶樂來到教室，發現大家都不理他，很多同學用怨怪的眼光看著他。每個人在路上遇到他，都馬上離得遠遠的，像躲傳染病人一樣。陶樂難受極了，終於忍不住對坐在自己前面的同學道：「許佳不是都沒事了嗎？大家為什麼還這樣對我啊？」同學轉過身來，盯著陶樂，大聲地說：「因為你這個人實在是太討厭了！」其他同學聽到這話也開始議論紛紛，把以前受的氣一下子全爆發出來：「你這個人太自私了」、「還很驕傲」、「從來不為別人考慮」、「做什麼事都只想到自己」、「做錯了事還不敢道歉」……在同學們紛亂的批評聲裡，陶樂才知道自己在班上根本就沒有人緣，當初同學都不敢拒絕他的要求是因為怕他，而不是因為喜歡他。陶樂覺得，是該檢討自己為人處事的方法了。

那麼，如何才能獲得好人緣呢？

一是要有一顆寬容的心。與人來往的時候，難免會有碰撞。或是意見不同，或是有人不小心傷害到自己。不要對別人的過錯耿耿於懷，給他人一個寬容的笑臉，就會使你擁有健康的人際環境。

二是尊重他人。不要對你的同伴挑三揀四的，同樣一件事你未必就做得比別人好。尊重他人的勞動成果，不取笑他人。這樣，你就會發現周圍充滿了陽光。

三是樂於助人。「樂於助人」是老師和父母常掛在嘴邊的話。大人表揚孩子時，最喜歡用的就是這四個字。每個人在生活中都需要他人的關懷與幫助，要珍惜那些在你困難時伸出援手的人。懂得珍惜就會懂得付出，就會在別人困難的時候伸出友誼之手。物質幫助並不是唯一的方法，簡單的舉手之勞也能為你營造出一個輕鬆的人際網絡。

四是要心存感激。別人沒有義務一直幫助你，包括父母。得到他人的幫助後，要在心中常存一份感激，情感的連結正是因有了感激才會更加堅韌。

五是學會讚美。讚美不是拍馬屁，不是口是心非的阿諛奉承，而是真心的去讚美對方。當同學、好友做了值得褒獎的事，要不吝給予讚美，真心的讚美令友誼更堅固。

六是做錯事要道歉。曾子講「吾日三省吾身」，人應當經常檢視自己是否做錯事，是否因為自己的過失而傷害了他人。當你做錯事的時候，當你不小心得罪他人的時候，只要肯誠心道歉，就可以緩解彼此的緊張關係。

七是主動做一些吃虧的事。生活中常有一些事大家都不願意去做，比如教室後面堆了一個星期的垃圾，這個時候如果你願意走出來，你僅僅是弄髒了手或是衣角，卻能換來老師和同學們的掌聲。記住，拒絕作秀式的「吃虧」。

真誠是打開心靈的鑰匙。陶樂經過這件事知道了自己的不足，這還為時未晚。他可以盡力去改掉自己的缺點，爭取好人緣。

心靈透視鏡

好人緣是一個人的巨大財富，而建立良好的人際關係，收穫好人緣，並不是一朝一夕的事。要想真正擁有好人緣，需要執著的信念，也在於慷慨的付出。

第50堂課

好好活下去——教孩子正確面對親人的離世

面對親人去世的變故，成人尚且需要時間去修復自己，更何況是正處在青春期的孩子。伯林斯基和比勒在分析死亡對兒童和少年心理發展的影響時指出，親人死亡時，周圍的反應對孩子有重大影響。青少年與已逝親人的關係、死亡發生的方式以及父母對親人去世時的態度，都會影響到孩子對親人去世的情緒控制。

很多孩子在親人去世之後會出現不良反應，像是驚慌、多夢、傷心、絕望，失去親人的痛苦會以各種方式持續著。親人的死亡令人萌生一種被拋棄感，與內心世界連接的客體消失，又帶來無助感。青少年對於家庭和親人的依賴是用生理磁場來感受的，親人突然去世，會使孩子的心理遭到創傷。如果父母也一味的沉溺在悲傷不可自拔，忽略了孩子的感受，孩子就會越來越自閉，有的還會出現不正常行為。因為親人亡故形成的創傷，孩子一般需要兩、三年的時間才能逐漸適應，如果不能及時給孩子心理疏導，復原時間就會拉得更長。

很多人對於失去親人的孩子都喜歡用憐惜的語氣說道：「可憐的孩子，這麼小就失去親人，真是太不幸了。」這類看似好心的話，實際上卻有可能對孩子造成反作用。他們會覺得自己真的很可憐，上天對自己不公平。當這種怨氣在心中越積越多，青少年就變得很軟弱，遇到一點挫折就會被打倒。

小玫從小生活在一個幸福的家庭，父母有一份不錯的工作，一家人和和睦睦的生活在一起。最疼小玫的就是奶奶了。奶奶不是一般的老人，她會唱歌、剪紙、講故事，小玫從小就是聽著奶奶講的故事長大的。小時候，坐在院子聽奶奶講故事，奶奶擔心蛟子叮小玫，都會一邊講一邊拿著扇子趕走小玫周圍的蚊子。長大後，小玫一有什麼不順心的事，首先想到的就是找奶奶傾訴，因為奶奶總是耐心聽自己說完一大串的牢騷，然後講出一些讓小玫心服口服的道理。

小玫上了高中後，年邁的奶奶身體越來越差，常常生病住院，飯也吃得很少了。每次小玫看到奶奶微微顫顫的身影，鼻子就發痠。因此，小玫總是一到週末就回奶奶家去陪她。現在換小玫給奶奶講故事了，講自己在學校發生的趣事，講自己因為馬虎而一跟頭栽倒的糗事逗奶奶開心。每次奶奶都樂得哈哈大笑，一邊拍著小玫一邊說：「真是個調皮的孩子！」小玫最喜歡喝奶奶煮的湯，奶奶沒有精力長時間煲一鍋湯，卻能在短短的十幾分鐘內煮出美味的湯。小玫總和父母打趣說，他們的廚藝和奶奶根本沒法比。

這個週末，小玫像往常一樣，放了學就往奶奶家跑去。可是跑到奶奶家院子門前時，發現院子裡不同以往的吵鬧，喧嘩的人聲還夾雜著哭聲。她在門口看到爸爸媽媽也來了，而叔叔忙進忙出的不知道在忙什麼。她進到院子，看到爸媽紅腫的眼睛。媽媽一看到小玫，立即過來抱住她，失聲哭道：「小玫，妳沒有奶奶了！」聽到媽媽這句話，一種撕心裂肺的疼痛從心底傳來，小玫不可置信的衝到奶奶房間去——沒有看到奶奶。她驚慌極了，她多麼希望媽媽說的是假話，是不是自己做錯了什麼事，媽媽要這樣騙自己？當她進到大堂，看到擺在中間的棺木，才知道一切都是真的。她頓時大哭起來，抱著嬸嬸叫道：「嬸嬸，奶奶怎麼了？上週我來看她，她還好好的，怎麼就沒了呢？嬸嬸，怎麼辦啊？奶奶死了，我沒有奶奶了……我以後該怎麼辦啊……」

小玫家鄉的風俗是人死後三天才能出殯，而這三天裡，死者的家人要守靈。這三天，小玫沒停止過哭鬧，好幾次哭得喘不過氣。她看到奶奶剪的窗花還貼在窗上，這讓她怎麼接受奶奶的死亡呢？奶奶出殯後，小玫依舊不肯上學，飯也不願意吃，只要一有人提到奶奶，她的眼淚就忍不住流下來。

爸爸媽媽很是擔憂，可是孩子不願意聽大人說話，怎麼辦才好呢？他們只得給小玫寫信，信裡這樣寫道：「小玫，奶奶的離開，爸爸媽媽也很傷心，可是爸爸媽媽知道生活仍然要繼續，我們要更堅強快樂的活著，奶奶才會開心啊。記得奶奶在世的時候，常誇妳是個懂事的孩子，堅強而有毅力。難道妳想讓奶奶失望嗎？奶奶雖然去世了，可妳還擁有回憶啊，好好的生活吧，以此來懷念親愛的奶奶……」這封信讓小玫漸漸好起來。小玫知道，奶奶一定在天堂裡微笑地看著她，自己絕對不能讓老人家失望。

人生無常，生老病死是人的必經階段，我們必須接受親人已經去世的事實，以堅強樂觀的心態去面對以後的日子。

心靈透視鏡

父母能夠以自己堅強的態度和行為去影響孩子，那麼孩子也會變得堅強而有韌性，努力擺脫因失去親人而遭受的挫折，以積極的態度面對生活。孩子失去親人的時候，更要明白一個道理：你的親人都是愛你的，會在你傷心難過的時候陪著你！

國家圖書館出版品預行編目資料

課本上沒有，老師不教的50堂心理挫折課／唐學芬著.
－－第一版－－臺北市：字阿文化 出版；
紅螞蟻圖書發行，2016.05
面 ； 公分－－(勵志系列；01)
ISBN 978-986-456-015-8（平裝）

1.親職教育 2.挫折

528.2 105003850

勵志系列 01

課本上沒有，老師不教的50堂心理挫折課

作　　者／唐學芬
發 行 人／賴秀珍
責任編輯／韓顯赫
校　　對／胡慧文
美術構成／上承文化
出　　版／字阿文化出版有限公司
發　　行／紅螞蟻圖書有限公司
地　　址／台北市內湖區舊宗路二段121巷19號(紅螞蟻資訊大樓)
網　　站／www.e-redant.com
郵撥帳號／1604621-1　紅螞蟻圖書有限公司
電　　話／(02)2795-3656（代表號）
傳　　真／(02)2795-4100
登 記 證／局版北市業字第1446號
法律顧問／許晏賓律師
印 刷 廠／卡樂彩色製版印刷有限公司
出版日期／2016年 5 月　第一版第一刷

定價 230 元　港幣 77 元

ISBN 978-986-456-015-8　　Printed in Taiwan